JN081213

名市大ブックス 4

家族を守る

医療と健康

名古屋市立大学 編

自分と家族の健康を考える

名古屋市立大学　副学長（社会貢献、ダイバーシティ担当）　明石　恵子

名古屋市立大学（名市大）は、２０２０年に開学70周年を迎えることを記念して「名市大ブックス」シリーズを発刊いたしました。シリーズ第1巻『人生１００年時代、健康長寿への14の提言』、第2巻『コロナ時代をどう生きるか』に続き、第3巻『がん治療のフロンティア』と同時発売のこの第4巻は、『家族を守る医療と健康』です。

わが国では少子高齢化がますます進展し、家族のありようが変化しています。出生数が減少し、授かった命を大切に育てたいと思っておられることでしょう。しかし、三世代世帯が少なくなり、ひとり親家庭が増えている中、子育てに悩むことも少なくないと思います。

一方、65歳以上の高齢者は、全人口の28％以上を占めるようになりました。高齢者のひとり暮らしや夫婦のみの世帯も増えています。高齢者の悩みやストレスで最も多いのは「自分の病気や介護」です。歳をとる

と体のいろいろな機能が低下し、病気やケガも多くなることが関連しているといえます。
本書では、新型コロナウイルス感染症、薬、アレルギー、出生前診断、発達障がい、慢性痛、睡眠時無呼吸など、家庭で気になる子どもから高齢者の健康の問題を幅広く取り上げています。毎日一緒に暮らしているご家族、あるいは、離れて暮らしているご家族の健康を考えるきっかけになると思います。

名市大では、市民の方々を対象として、医療や健康をはじめとするさまざまな講演会を毎年120件以上実施してきましたが、新型コロナウイルス感染症のため、2020年2月以後は実施できなくなっていました。現在はインターネットを介した遠隔での講座をはじめ、中止・延期となっていた対面形式の講演なども、感染防止策に万全を期して再開させつつあります。本学の広報誌やホームページなどで最新の情報をご覧いただき、本書とあわせて講演会にもご参加いただけますと幸いです。

目次
Contents

新型コロナウイルス感染症とのつきあい方
―「正しく恐れる」ために―

医学研究科臨床感染制御学　教授　中村　敦

新型コロナウイルス感染症（COVID―19《コヴィッド・ナインティーン》）は、武漢市から諸外国へまたたく間に飛び火し、世界中を席巻しました。短期間では収束しそうもない「with《ウィズ》コロナ」の時代に、この新しい感染症をどのように「正しく恐れ」ればよいのか、考えてみたいと思います。

これまでのCOVID―19の経緯

２０１９年の大晦日に、中国河北省の武漢市から原因不明の肺炎が多発していることが報告され、１週間後にはこの肺炎の原因が、これまでにない新たなコロナウイルスによるものである、と発表されました。さらに１週間後の１月中旬には、武漢から帰国後に発症した、日本で初めての患者さんが確認されました。その後、海外からの帰国者や来日者の発症だけでなく、国内での感染が日本各地でみられるようになりました。

写真1
緊急事態宣言発令を伝える大型ビジョン

3月以降は都市部を中心に、感染者が急速に増加。さらに日本のほぼ全域に拡《ひろ》がって第一波が到来し、日本政府は緊急事態宣言を発出しました。「密閉・密集・密接」の3密の回避や、さまざまな活動の自粛を国民に呼びかけるとともに、集団発生（クラスター）の解析に基づく感染の拡大防止対策がとられました。

その結果、新たな患者の発生は減少に転じ、一次的な小康状態を迎えました。しかし、段階的に制限が緩和されるにつれて、7月以降は若者を中心に感染者が再び急増し、前回より大きな第二波がおこりました。感染拡大のピークは過ぎたものの、執筆時点の9月現在の感染者数は、下がり止まっている状況です。

COVID—19の特徴

これまでに出会ったことのない、未知の病原体とどのように対峙《たいじ》したらよいのか——。医療に携わる私たちも含め、世界中の人々が恐れや不安を抱きました。その実態を把握しなければ、この新たな感染症を正しく恐れることはできません。国内での発生から8カ月が経過し、次第に明らかになってきたCOVID—19について、図表1にまとめました。

原因となる病原体は新たにSARS《サーズ》—CoV《・コロナウイルス・》—2《ツー》と命名されたウイルスで、かぜの原因となるウイルスの仲間に属します。このウイルスに感染した人が咳やくしゃみ、大声を出すことなどによって、口から発せられる飛沫《ひまつ》（しぶき）の中に含まれたウイルスが周囲の人に感染します（飛沫感染）。

図表1　COVID-19の特徴

●病原体	新型コロナウイルス（SARS-CoV-2）
●感染経路	飛沫感染が主体。接触感染、エアロゾル感染もあり。潜伏期〜発症初期に伝播する
●潜伏期間	1〜14日間。多くは曝露してから5日程度で発症
●初発症状	発熱、倦怠感（だるさ）、のどの痛み（咽頭痛）などかぜと類似した症状が主体 ほかに嗅覚・味覚障害、下痢、皮疹など
●臨床経過	多くは1週間程度で軽快 呼吸不全への進行、心筋梗塞、脳梗塞、肺血栓塞栓症などの合併あり
●重症化因子	高齢（65歳以上）、肥満（BMI 30以上）、慢性閉塞性肺疾患、 慢性腎臓病、糖尿病、高血圧、心血管疾患など
●感染症法	指定感染症

また、口腔内の分泌物が勢いよく噴出され、霧状になるエアロゾルが発生すると、水分を失った飛沫の中のウイルスが空気中に数時間滞留し、この空気を吸った人に感染することがあります（エアロゾル感染）。

さらにこのウイルスは、紙の表面で1日、金属で2日、プラスチックでは3日程度生存するため、感染者の周りの環境や物品に触れることによって感染してしまう可能性があります（接触感染）。感染者の10％は、このような環境や物品を介した感染であったとの報告がみられます。

COVID―19は、とても厄介な感染症です。潜伏期間[※1]が長いうえに、感染者は症状が現れる数日前からウイルスを排出しているとされます。つまり、感染したことに気づかないまま行動し、周囲に感染を拡げてしまう危険性があります。

症状出現前の患者さんからの感染が45％、感染しても症状が出ないまま経過する無症候感染者からの感染が5％みられたとの報告があり、合わせると半数が、無症状の感染者から移ったことになります。

また、症状が現れる場合にも、COVID―19に比較的、特徴的とされる嗅覚・味覚障害（匂いや味がわからないといった症状）がみられるのは患者さんの1割程度で、発熱、倦怠感（だるさ）、のどの痛みなどといった症状が多いため、かぜとの区別が容易ではありません。多くの患者さんは、このような軽い症状のまま1週間程度で回復しますが、およそ2割の患者さんはここから肺炎が急激に悪化し、集中治療室で呼吸管理が必要になるケースもみられます。

写真2
飛沫感染予防板を挟んでの来客対応

※1　潜伏期間
感染してから症状が現れるまでの期間。

第一波と比べ第二波では、患者数、とりわけ若い感染者の数が格段に多いためか、亡くなる患者さんの割合は低率になっています。しかし、若年者から高齢者へ感染が進めば、やはり重症化する割合が増加するため、注意が必要です。重症化の危険因子として、高齢（65歳以上）や肥満（体格指数：ＢＭＩ30以上）、慢性閉塞《へいそく》性肺疾患、慢性腎臓病、糖尿病、高血圧、心血管疾患を持つ方々などが挙げられており、これらの方々は特に注意が必要です。このほかに、持病やその治療によって免疫力が低下している方々も、要注意です。

PCR検査はどこまで有効なのか

臨床症状や、ＣＴ検査など画像検査の所見から、ＣＯＶＩＤ―19をほかの疾患と区別することは難しく、検査でＳＡＲＳ―ＣｏＶ―2の感染を確認することが必要です。

検査の方法としては、抗原検査、抗体検査、ＰＣＲ検査などがあります。診断の要になるのはやはりＰＣＲ検査ですが、いずれの検査にも長所、短所があり、状況によっては、これらを組み合わせて検査を行います。

ＣＯＶＩＤ―19が強く疑われる患者さんや、感染が確認された人との濃厚接触者に検査を行うのは当然ですが、それらしくない患者さんにもＣＯＶＩＤ―19を否定するために、検査をする場合があります。無症状であっても、手術による負担で発症・重症化するのを避けたい術前の患者さんや、出産前の妊婦さん、さら

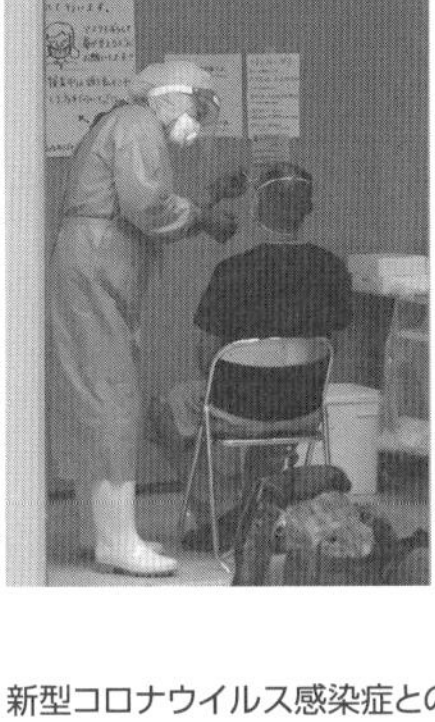

写真3
成田空港で帰国者に検査を行う検疫官

に院内感染防止の観点から、入院するすべての患者さんにまで対象を拡げている医療機関もあり、施設によって検査の実施状況はさまざまです。

わが国のＰＣＲ検査体制は、欧米と比べ十分ではないとの意見が上がっていて、愛知県でも体制を拡充するため、さまざまな対策を講じてきています。十分な検査体制が構築されれば、検査の対象を大きく拡げていくことが可能かもしれませんが、それが叶《かな》わない現状では、検査の有効活用をできる限り模索しなければなりません。

検査はそもそも、ＣＯＶＩＤ—19の検査に限らず万能ではありません。ＰＣＲ検査によるＳＡＲＳ—ＣｏＶ—２の検出感度[※2]は70～80％で、発症と検査のタイミング、検査する検体の種類や採取状況などにより、感度はさらに低くなり得ます。ＰＣＲ検査が陰性だから絶対に大丈夫、と安心できないことを認識しておく必要があります。

※2　**検出感度**
陽性と判定されるべきものを、正しく陽性と判定する確率。

COVID—19にどのように対応すべきか

第一波の際には、諸外国でのロックダウン（都市封鎖）までには至りませんでしたが、政府は緊急事態宣言を発出し、国民に対し行動の自粛を強く求めました。しかし、さまざまな規制や自粛によって、社会生活や教育、経済活動は停滞し、長期間にわたり継続することの難しさや不利益も露《あら》わになってきました。この感染症を意識しながら生活を送る「ｗｉｔｈ コロナ」の、新たな暮らし方を模索していく必要があります。

COVID—19に対する不安や恐怖を否定し、やみくもに脅威を排除しようとするのではなく、「〝完璧を目指さないことを目指す〟ことによって、恐怖や不安が高まらないようにしよう」という考え方を、どこかで目にしました。自分の手に負えないことには手を出さず、できることだけに取り組み、完璧ではなくてもほどほどの安心や安全を得られるように過ごそう、という提案です。なるほど、と思いました。

では一体「自分でできること」には何があるのでしょうか?3つのポイントについて、順に述べたいと思います。

【ポイント①】日常生活の中での感染予防

もう皆さんも実行されていると思いますが、日頃から心がけることとしては、こまめな手洗いと、清潔な環境整備や居室の換気、外出時のマスクの着用、それに外出後のうがいなどでしょうか。

手洗いや環境の整備は、物品や環境からウイルスを拾わないため、自分が感染している場合は周囲の人や環境にウイルスを渡さないために行います。居室の換気やマスクの着用、うがいなどは、ウイルスの吸入・定着を少しでも減らすため、自身が感染している場合は周囲へのウイルスの拡散を減らすために行います。

写真4
愛知県独自の緊急事態宣言を受け、名古屋駅前の人通りもまばらになった

手指を清潔に保つことは、ＣＯＶＩＤ－19だけでなく、多くの感染症から身を守るための基本です。石けんと流水できちんと手を洗うためには20～30秒くらいの時間がかかりますが、時間を惜しまず、まんべんなく丁寧に行なっていただきたいと思います（図表2）。手を洗った後は、乾いた清潔なタオルで水をふき取り、しっかり乾かしましょう。

最近は短時間で消毒ができる速乾性アルコール手指消毒薬が、多くの施設の入口に設置されていますし、家庭用や携帯用のものも市販されています。適量（３～５ml）のアルコール消毒薬を手にとって、正しい手順で消毒をしてください（図表3）。ただし、アルコールに過敏な方は使用を避け、皮膚の弱い方は手荒れに注意しましょう。頻繁にアルコール手指消毒薬を使用する医療現場では、保湿クリームなどを塗って、手荒れの予防に努めています。

生活空間や職場の環境はきちんと整頓し、多くの人がよく触れる場所は定期的にふき掃除しましょう。定期的に室内の空気を入れ換えることも、効果的だと思います。

マスクの着用は日本人にとってあまり違和感がありませんが、海外ではインフルエンザの流行期にもなかなか浸透しませんでした。今回のコロナ禍によって、諸外国でもマスクの着用が定着してきたようです。ただし、屋外で周囲の人に飛沫が飛ばない距離で行動する場合には、必ずしもマス

図表2　石けんと流水による手洗いの方法

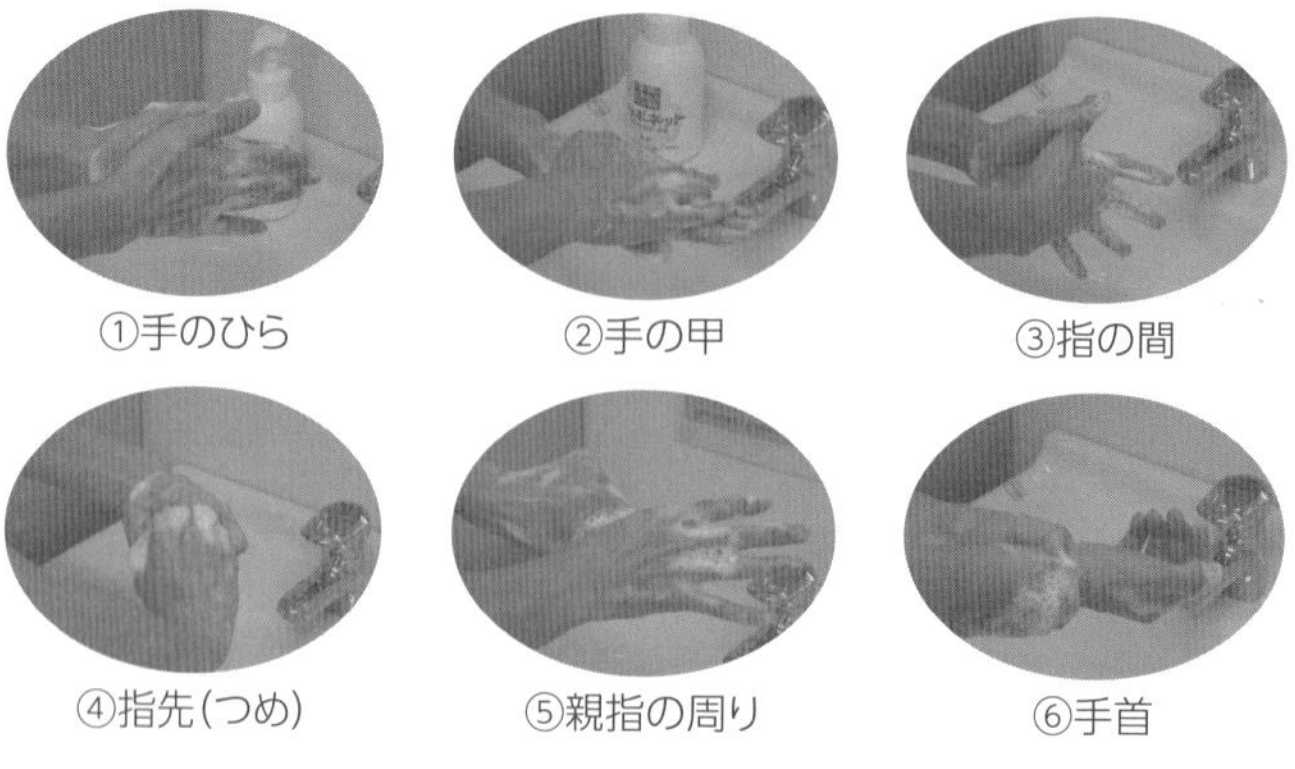

クの着用は必須ではありません。特に熱中症が危ぶまれる夏季には、定期的にマスクを外し、クールダウンに努めることも必要です。いずれの状況でも、適切に着用していなければ効果は期待できないので、正しい着用を心がけましょう（図表4）。

うがいの効果については、意見が分かれています。消毒薬によるうがいがＳＡＲＳ－ＣｏＶ－２の除去に有効という報道の影響で、一時的に消毒薬が在庫切れになる騒ぎも起きました。

確かに、のどが赤く腫れて膿がつくような感染の兆候がみられる場合には、消毒薬によるうがいによって、病原体の数を減らす必要があるかも知れません。

しかし、消毒薬によるうがいには、口の中に常在する善玉菌まで死滅させ、病原体を侵入しやすくさせてしまう可能性もあります。消毒薬による予防的なうがいが、かえってかぜの発症を増加させたという報告もみられます。無症状であれば、水によるうがいで外から侵入した病原体を洗い流すくらいでよいと思います。

【ポイント②】感染リスクを避ける行動

今回のコロナ禍では、いくつか聞き慣れない言葉が飛び交いました。「クラスター」「オーバーシュート」「ロックダウン」などのカ

図表3　アルコール手指消毒薬による消毒方法

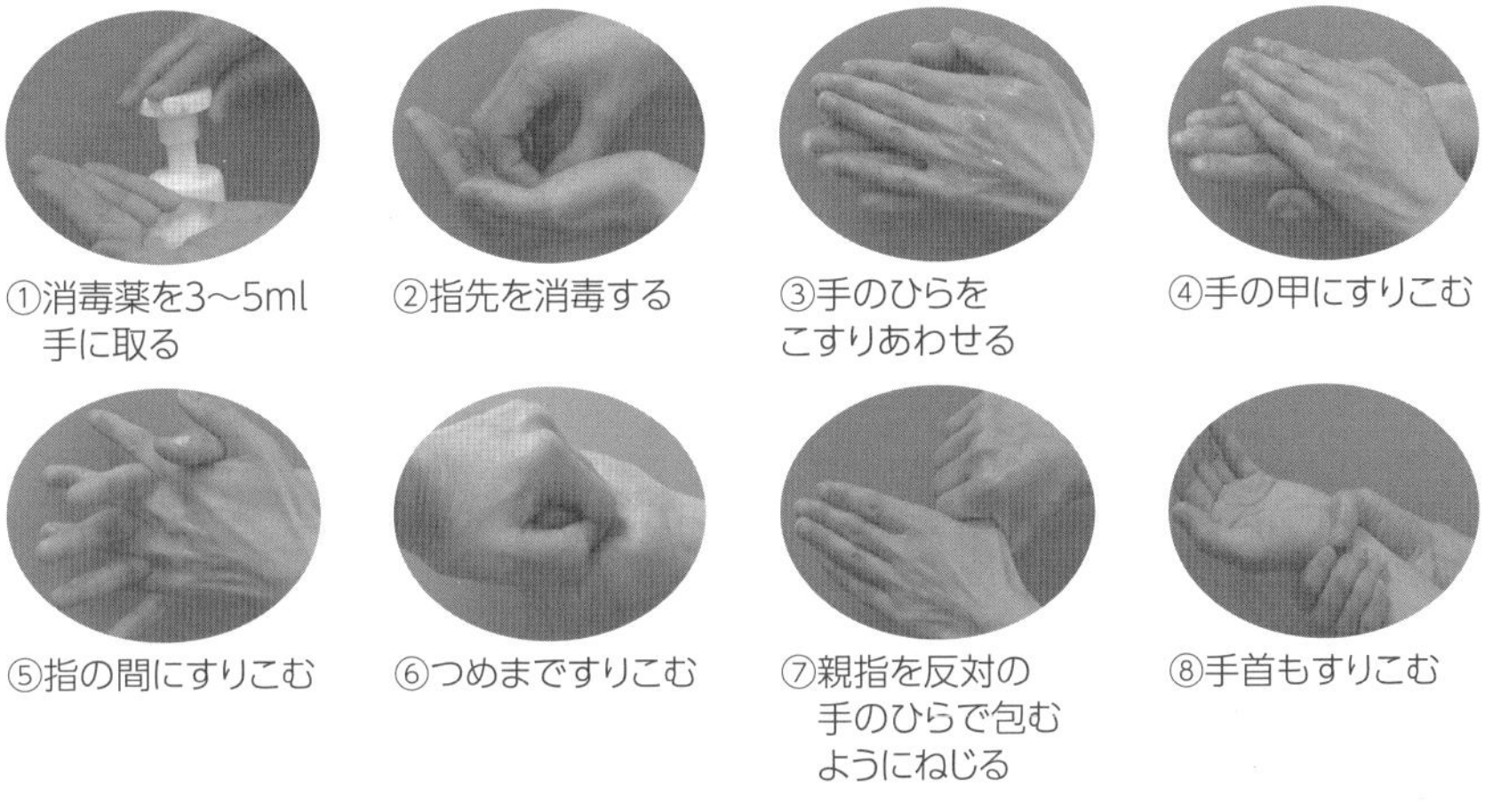
①消毒薬を3～5ml
手に取る
②指先を消毒する
③手のひらを
こすりあわせる
④手の甲にすりこむ
⑤指の間にすりこむ
⑥つめまですりこむ
⑦親指を反対の
手のひらで包む
ようにねじる
⑧手首もすりこむ

タカナ語とともに、「3密」という造語も飛び出しました。初めは違和感を覚えましたが、密閉・密集・密接の回避は、感染拡大を防ぐためにとても的確な言葉だな、と思います。

換気の悪い密閉空間、手の届く距離に多くの人が密集する環境、近距離で大きな声で会話したり歌を歌ったりする密接な状況は、先に述べたエアロゾル感染、接触感染、飛沫感染を起こす危険性が高く、これらが2つ、3つと重なるごとに危険度が増します。スポーツジム、ライブハウス、飲食店やカラオケなどでの集団発生事例が、次々と報道されました。一方、声を出すことが少ないパチンコ店で集団発生がみられていないことは、COVID—19の感染様式を考える参考になると思います。多くの施設が現在しっかりとした感染防御対策をとって営業していると思いますが、お店側だけでなく、私たち利用者側もルールをしっかり守って、感染の芽を育まないように努めましょう。

高齢の方、持病のある方は不安から自宅に引きこもりがちになり、テレビをつけてもCOVID—19の報道ばかり。ますます恐怖心が高まり、気分が沈んでしまっていませんか?人ごみの少ない時間や場所を選んで時々は外出し、散歩や軽い運動などで身体を動かして気分転換をはかることも大切だと思います。

【ポイント③】医療への向き合い方

最後に、医療にどのように向き合えばよいかについては、まず体調を崩さない

図表4　マスクの着用法

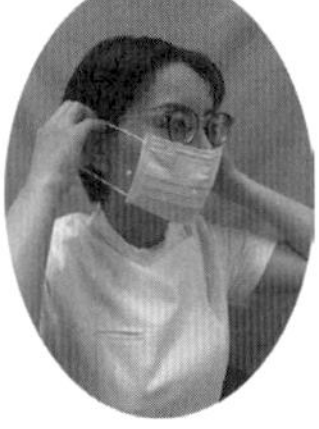
①ゴムひもを耳にかける

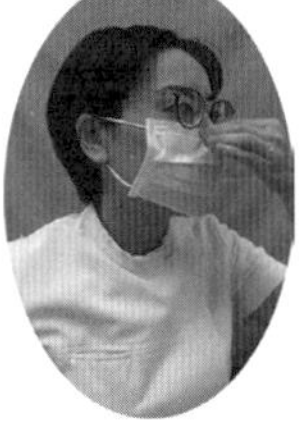
②ノーズ・ピースを鼻の形に合わせる

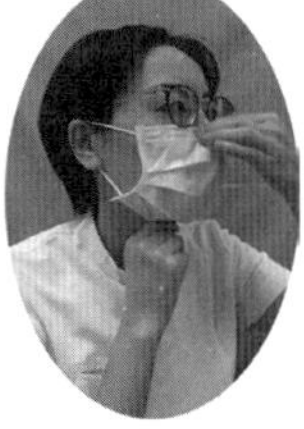
③あごの下まで伸ばし鼻から口全体を覆う

ように規則正しい生活を送ることが、最も重要です。持病のある方は、病気をきちんと管理しておきましょう。健康な方も不摂生を避けて、体力を維持するようにしましょう。あまり神経質になりすぎてもいけませんが、安心して過ごすためにも、毎日の検温や体調に気を配るなどして、身体に問題がないことを確認しましょう。

秋口に入り、呼吸器感染症が心配なシーズンになってきました。予防のために、インフルエンザや肺炎球菌などのワクチンを接種することも大切です。今年はインフルエンザワクチン接種の希望者が大幅に増加することが予想され、ワクチンの供給が間に合わず、高齢の方が接種する機会を逃してしまわないか心配されます。

そのため厚労省は、一般の方より先行し10月1日から、65歳以上の高齢者など定期接種の対象になっている人を優先して、接種をすることに決めました。高齢者以外にも、医療従事者や基礎疾患がある方、妊娠中の方、生後6カ月から小学2年生までの小児についても、早めの接種を呼びかけています。

万が一体調が悪くなった場合には、かかりつけの医療機関や保健センターなどに症状を伝えて、医療機関を受診するべきか相談するとよいと思います。

ここで、医療側からのお願いです。感染症状のため医療機関に受診する場合に時間の余裕があれば、前もって連絡してから、受診していただきたいと思います。医療機関には、病気のために体力や抵抗力が低下している患者さんが、たくさんみえます。そのため、ＣＯＶＩＤ—19やインフルエンザなどの感染症を疑う場合は、ほかの患者さんへの感染伝搬を避けるため、時間や場所を分けて診察します。診察時間を配分したり、あらかじめ診察室の準備をしたりして、来院された患者さんの診察をスムーズに進められるよう、ご協力をお願いします。

もうひとつのお願いです。

医療現場では、院内感染を起こさぬよう最善を尽くしていますが、感染症の診療に当たっている限り、リスクを完全にゼロにすることはできません。ゼロリスクを求められれば、感染症の患者さんの診療を放棄せざるを得なくなり、それが医療崩壊に繋がってしまうおそれもあります。

細心の注意を払っていたにもかかわらず、院内感染が起こってしまった医療機関もありますが、その背景には前述のような、無症状の感染者から拡がる可能性や検査の検出感度の限界など、COVID―19の診断・感染対策の難しさがあります。厳しい環境のもと、医療の提供に努めている医療者の立場をご理解いただき、温かい目で応援していただけたらと思います。

これからのCOVID―19に向けて

秋から冬にかけてインフルエンザのシーズンを迎え、COVID―19はどのような流行の経過をたどってゆくのでしょうか?

19年秋冬～20年春のシーズンは、例年と比べてインフルエンザの発生がとても

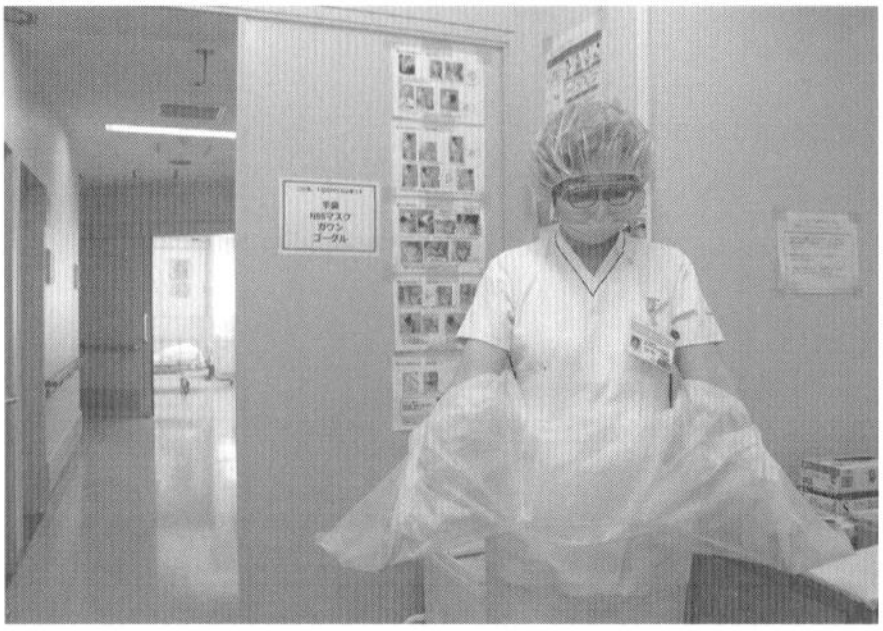

写真5
病室に入る前に手袋やガウンを装着する医療従事者

少ない状況でした。２つのウイルスが干渉し合ったのかどうかわかりませんが、多くの人々がＣＯＶＩＤ―19を警戒し、マスクの着用や手洗いなどの感染予防を実行したことが一因ではないか、と考えられています。次の20年秋冬以降のシーズンも同様なのか、両方の流行が重なり感染者が急増して医療が逼迫《ひっぱく》してしまうのか。まったく予想がつきません。行政と医療機関が協力して医療体制の拡充に努めていますが、ＣＯＶＩＤ―19やインフルエンザ以外の患者さんへの医療の提供も、滞ってはなりません。

ＳＡＲＳ―ＣｏＶ―２に対するワクチンの開発が進み、使用が可能となっても、世の中に広く普及するまでにはしばらく時間がかかりそうです。このような状況ですが、ＣＯＶＩＤ―19に負けぬよう、私たち一人一人にできることをきちんと実行し、お互いに助け合いながら、この難局を乗り越えていきましょう。

変化するワクチン

薬学研究科臨床薬学　講師　坡下 真大

ワクチンをめぐる情勢は、国内外で日々変化しています。特に2020年初頭からパンデミックを引き起こしている新型コロナウイルスについては、世界中でワクチンが待ち望まれています。現在の情勢も踏まえながら、変化するワクチンの現状をお伝えしていきたいと思います。

ワクチンの歴史

これまでワクチンは多くの感染症に対して、世界中の人々に恩恵をもたらしてきました。

ワクチン（vaccine）という言葉は、ラテン語の雌牛（vaca）から生まれたもので、近代においてワクチンを確立したエドワード・ジェンナーの功績によるものです。ジェンナーは外科医でしたが、博物学者としても有名で、鳥は越冬するために冬眠するのではなく、長距離を渡るということを発見するほど、観察力に長けてい

図表1　エドワード・ジェンナー

ました。
この並外れた観察力のおかげで、ジェンナーは、牛痘に感染したことのある牛飼いや乳搾り女が天然痘に感染しない、ということを発見します。そして1796年、※1ジェームズ・フィップスという8歳の少年に牛痘を接種しました。その後、この少年に天然痘を接種したところ、天然痘を発症しなかったことから、牛痘による天然痘ワクチンを世界で初めて確立したのです。

ジェンナーが天然痘ワクチンを開発する以前から、天然痘患者の膿を健康な人に接種する、いわゆる「人痘接種」は行われていました。ジェンナー自身や家族なども接種していたといわれています。しかし、人痘接種は非常に危険で、天然痘以外の病気も感染する恐れがありました。

そこでジェンナーは、感染しても重篤にはならない牛痘を用いて、天然痘ワクチンを開発していったのです。下等な動物である牛の病気がヒトに感染するはずがない、という固定観念が蔓延《まんえん》する時代に、観察と症例を重ね、反対する人々を説得していった彼の努力には、脱帽するしかありません。

ワクチンは何でできている？

ワクチンは「生ワクチン」、「不活化ワクチン」、「トキソイド」の3種類に大きく分けられます。いずれも細菌やウイルスそのもの、または細菌がつくる毒素か

※1 自分の子供で牛痘ワクチンを試したと記述されていることがあるが、これは誤り。

図表2 ワクチンの種類

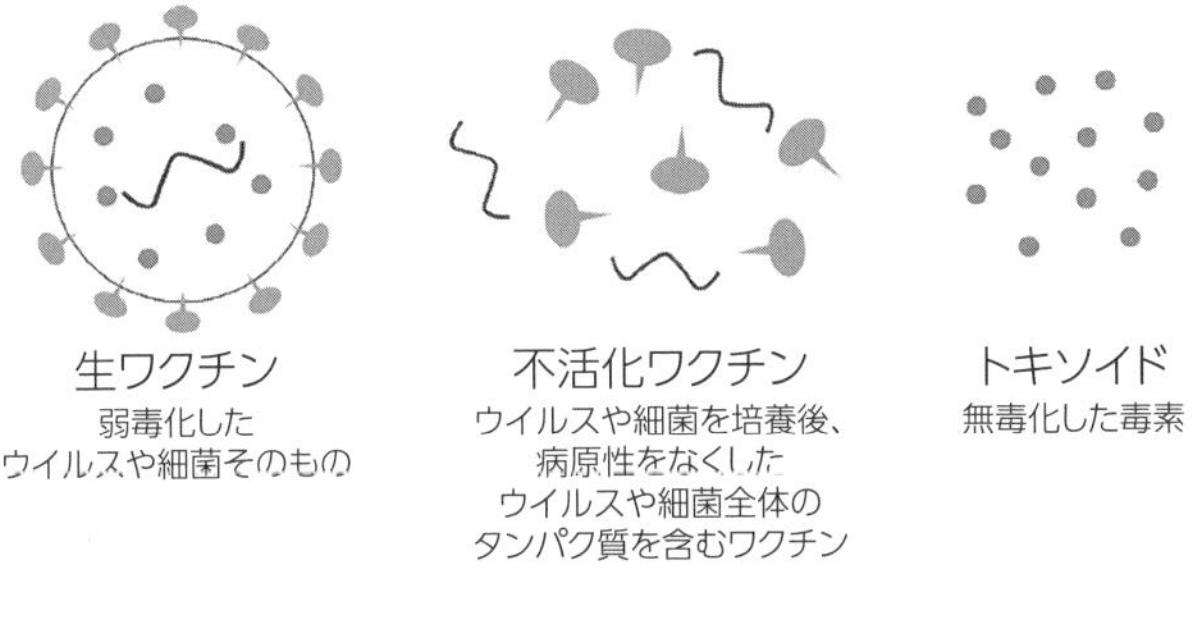
生ワクチン
弱毒化したウイルスや細菌そのもの
不活化ワクチン
ウイルスや細菌を培養後、病原性をなくしたウイルスや細菌全体のタンパク質を含むワクチン
トキソイド
無毒化した毒素

らつくられています。これらは、病原性を弱めたりなくしたりして感染症を起こさないようにしたうえで接種され、体の防御機能を上げる働きをします。

生ワクチンは、病原性を弱めた細菌やウイルスそのものを用いており、ＭＲワクチン（麻しん・風疹混合ワクチン）や水痘ワクチン、ムンプス（おたふくかぜ）ワクチンがこれにあたります。生ワクチンは接種後、体内で増殖することで防御機能が働くため、発熱などの症状が生じる場合があります。

不活化ワクチンは、病原性をなくした細菌やウイルスそのもの、あるいは破片を用いていますので、接種してもその感染症にかかることはありません。インフルエンザワクチンや肺炎球菌ワクチンなどが、これにあたります。

トキソイドは、細菌がつくる毒素を無毒化したもので、破傷風菌に対するワクチンがこれにあたります。

【災害時は破傷風に注意】
現代の日常生活ではあまり聞かなくなったが、大震災や集中豪雨の災害後に増加することが知られている。被災地にボランティアに行く場合などは、ワクチンの接種が必要。

ワクチンはどうやって効くの？

〝免疫力を高める乳酸菌〟というように、「免疫」という言葉を使った商品が世の中に溢れていますが、「免疫」とはそもそも何なのでしょうか？ 体によいもの、というイメージだけで健康食品を購入されている方も多いかもしれませんが、ワクチンにとって重要な働きをするのが、この免疫です。「ヒトは常日頃から感染症にかかるリスクと隣あわせで生きている」というと、大げさに聞こえるかもしれませんが、感染症を引き起こす原因となる細菌やウイルスは、至るところに存在していますヽヒトは異物が体内に侵入してくるのを、常に防御しながら生きています。

ウイルスや細菌が体内に侵入してくると、侵入者を退治しようと防御機能が働きます。これが「免疫」です。図表3に示すように、免疫にはさまざまな細胞が関わっていますが、ヒトの免疫には大きく分けて2通りのシステムが備わっています。

体内に侵入してきた細菌やウイルスが、それまで経験したことのない侵入者だった場合、まず「自然免疫系」と呼ばれるシステムが働きます。マクロファージや白血球といった細胞が、細菌やウイルスなどを攻撃、捕食し、侵入者についての情報を「ヘルパーT細胞」と呼ばれる細胞に伝達します。

同じ細菌やウイルスが再び体内に侵入してきたとき、前回の情報をもとに、ヘルパーT細胞が中心となって侵入者を攻撃するシステムが「獲得免疫系」です。獲得免疫系ではヘルパーT細胞がB細胞に司令を出し、「抗体」を放出させます。抗体が細菌やウイルスに結合すると、マクロファージや白血球がそれを目印に、侵入者をどんどん捕食するため、効率よく撃退することができます。こうして2種類の免疫系が相互に補完しあうことで、ヒトは感染症を防いでいます。

ワクチンは病原性を弱めたりなくしたりした細菌やウイルスそのもの、あるいはその一部分であり、これらを接種することで、ヘルパーT細胞がこれらを取り込んだマクロファージなどからその情報を受け取って、B細胞が抗体をいつでも

図表3　免疫の仕組み

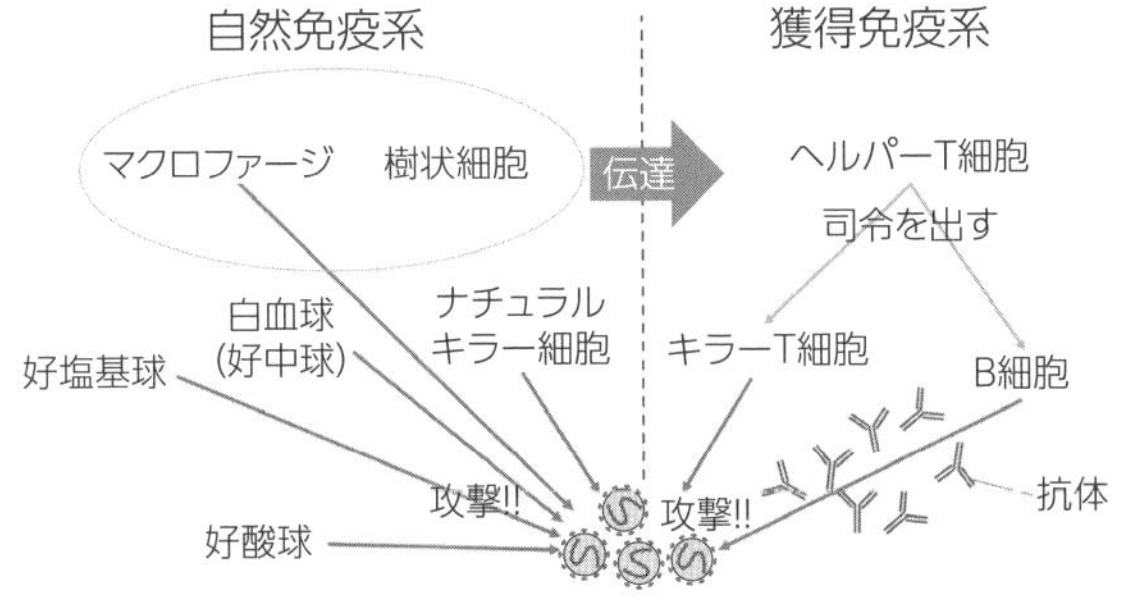

産生できるように準備します。すなわち病原体に感染する前に、獲得免疫系によって免疫（抗体）を獲得させてしまうのがワクチンなのです。

日本における予防接種ワクチン

子どもたちの予防接種ワクチンは、40年前と比べて増えています。子どもをワクチン接種に連れて行く世のお母さん・お父さん方は、現在のワクチン接種スケジュールを、昔と比べて忙しいなぁと思っているに違いありません。

80年代の日本では、予防接種ワクチンは6種類程度でしたが、ワクチン開発が実を結び、現在は任意接種も含めると12種類もあります。接種回数も、20年前と比べると増えました。1回接種すれば生涯免疫を得られると考えられていたものが、どうやら数年に渡って複数回接種する必要があることなどがわかってきたためです。

ワクチンで予防できる病気のことをVPD[※2]と呼びます。子どもたちをVPDから守るには、ワクチンを接種できる機会を逃さないことが重要ですが、これまでは次のワクチンを接種するまでに、生ワクチン接種後は27日以上、不活化ワクチン接種後は6日以上間隔をあけなければなりませんでした。多種類のワクチンを接種間隔をあけて打つには綿密な計画が必要で、その計画も、体調が変わりやすい小さな子どもではうまくいくとは限りません。

しかし、2020年10月1日よりこの接種間隔が改正されました。注射生

図表4　40年で増えた予防接種ワクチン

1980年代の予防接種ワクチン	現在の予防接種ワクチン
DPT（ジフテリア、百日せき、破傷風）	DPT（ジフテリア、百日せき、破傷風）
ポリオ（生ワクチン）	ポリオ（不活化ワクチン）
MMR（麻しん、ムンプス、風しん）	MMR（麻しん、ムンプス、風しん）
BCG（結核）	BCG（結核）
日本脳炎	日本脳炎
インフルエンザ	インフルエンザ
	水痘
	肺炎球菌
	ロタウイルス
	HPV（ヒトパピローマウイルス）
	B型肝炎
	Hib（インフルエンザ菌b型）

※2　Vaccine Preventable Diseasesの略。

ワクチン以外については、接種間隔の制限がなくなります。医師が必要と認めた場合には、複数のワクチンを同時に接種することも可能ですので、今後は子どもの忙しいワクチンスケジュールも緩和されていくものと思います。

複数のワクチンを同時または短期間に接種して、それぞれの効果が減弱したり、副反応が多く出たりしないか、と心配される方もいらっしゃると思います。すでに多くの国で同時接種が行われており、複数のワクチンを同時接種することで有効性について問題が生じたり、有害事象の頻度が上昇したりすることはない、ということも判明しています。

近年、高齢者に対しても、肺炎球菌ワクチンや、水痘（帯状疱疹《たいじょうほうしん》）ワクチンの接種が追加されています。高齢者は感染症で死亡する割合が高く、その原因の最たるものが肺炎球菌です。肺炎球菌ワクチンは小児にもありますが、65歳以上または基礎疾患のある60～64歳の方も対象になりました。

肺炎球菌はどんぐりをふたつ重ねたような変わった形をしており、外側に病原性に関わる「莢膜《きょうまく》」という膜を持っています。莢膜には93もの種類が報告されていますが、小児用の肺炎球菌ワクチンとして使用される「プレベナー13®」はこのうち感染症として頻度の高い13種類、成人用として使用される「ニューモバックスNP®」は23種類をカバーしています。2種のワクチンがカバーする肺炎球菌の型は、図表5のように重複するものもありますが、ニューモバックスNP®がカバーしていない型もあります。

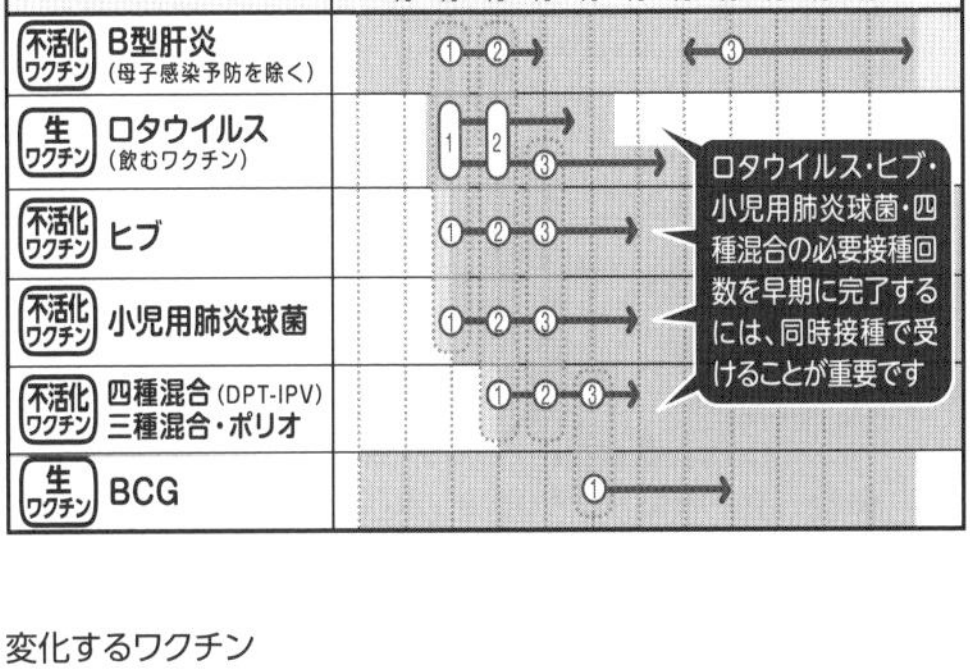

図表5
0歳代のワクチン接種スケジュール

（NPO法人VPDを知って、子どもを守ろうの会 2020年10月版 予防接種スケジュールより）

あまり知られていないことですが、ニューモバックスＮＰ®の効果は徐々に弱くなるのに対し、プレベナー13®は効果が非常に長く持続する、という違いもあります。プレベナー13®は小児に対して使用されますが、1歳以下の子どもはＢ細胞が未熟なため、抗体獲得が困難です。そこで、「肺炎球菌結合型ワクチン」と呼ばれるこのワクチンでは、マクロファージが捕食しやすいよう、肺炎球菌の莢膜にジフテリアタンパクを結合させてあります。こうすることで、Ｂ細胞の一部が肺炎球菌のことを長期に記憶する細胞に変化し、長期間にわたる効果が得られると考えられています。

２つのワクチンは、それぞれの短所を補うことができるため、併用による予防効果が高いとする報告もあり、欧米では高齢者を対象に併用しています。日本においても併用のスケジュールが提示されていますので、希望される方は医師と相談しながら接種してください。

予防接種制度

予防接種には、個人の感染症を予防するだけでなく、集団における感染症の蔓延を防ぐという役割もあります。国において予防接種を誰が責任を持って行うのかを定めるのが、「予防接種法」です。

予防接種には「定期接種」と「任意接種」の2種類があります（「臨時接種」を含めると3種類）。定期接種は市町村の責任で行うことが決められており、公

図表6　2種のワクチンがカバーする肺炎球菌の型

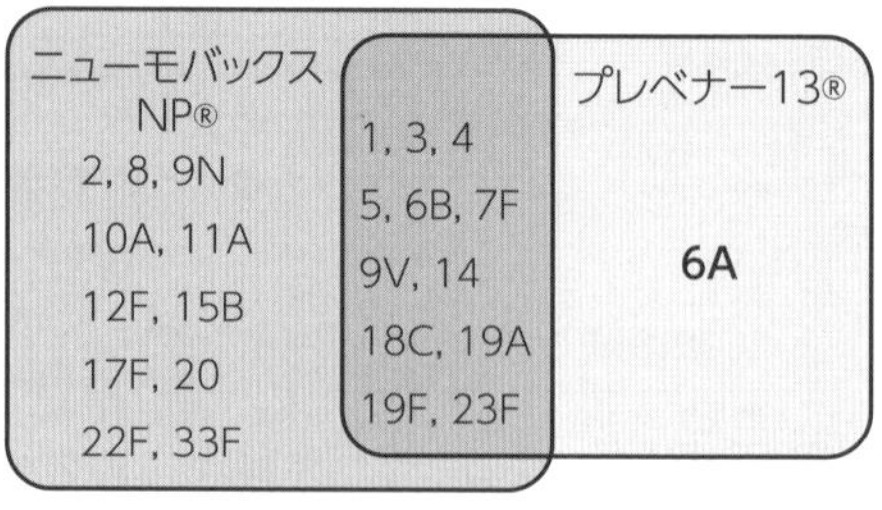

数字は肺炎球菌の型を表す

図表7　定期接種と任意接種

	定期接種ワクチン	任意接種ワクチン
予防接種法による規定	あり	なし
費用負担	原則なし	あり ただし、一部地域によっては負担あり
副反応に対する制度	予防接種健康被害制度	医薬品副作用被害救済制度

費負担となりますが、任意接種は個人の判断によるもので、自己負担となっています（一部の市町村では公費負担となる場合もあります）。

また、定期接種に定められている感染症には、「A類疾病」と「B類疾病」があります。A類は「予防接種を受けるように努めなければならない（努力義務）」と定められており、B類には努力義務がありません。大まかに分けるとA類は子ども、B類は高齢者を対象とするもので、A類は集団予防、B類は個人予防を目的としています。

ワクチンをめぐる世界情勢

子宮頸《けい》がんワクチン（ヒトパピローマウイルスワクチン）は、慢性的な痛みや運動障害などが報告され、積極的勧奨接種が中止となりました。現在の接種率は1％未満で、諸外国と比べると非常に低い値となっています。

このようなワクチン接種の低下は、日本だけでなく世界中で起き始めている問題であり、非常に危惧される事態となってきています。たとえば、麻しん（はしか）のワクチンは、日本では1～2歳までの間と小学校就学前の1年間の2回接種を行いますが、

図表8　A類疾病とB類疾病

	A類疾病	B類疾病
目的	集団予防（疾病の発生と蔓延予防）	個人予防（個人の発病と重症化防止）
対象者	乳幼児・小児	高齢者
対象者・保護者の接種努力義務	あり	なし
接種勧奨	あり	なし
疾病名	麻しん（はしか） 風しん 水痘 ジフテリア 百日咳 破傷風 ポリオ（急性灰白髄炎） 結核 日本脳炎 HPV（ヒトパピローマウイルス） Hib（インフルエンザ菌b型） 肺炎球菌（小児） B型肝炎	インフルエンザ 肺炎球菌（高齢者）

２０１０年から17年まで行われた調査では、37万4千人もが未接種だったことが判明しています。さらに米国では、なんと、２５９万3千人もの子供たちが麻しんのワクチンを接種していませんでした。このようなワクチン接種の低下によって、米国では２０００年以降、麻しんや百日咳、おたふくかぜの流行が、幾度となく起きています。

20年はさらに、新型コロナウイルスによる影響で、世界的に子供の予防接種率が大きく低下しています。今後は新型コロナウイルスだけでなく、麻しんや風疹などの感染症についても流行が増えてくるのではないかと、危惧されます。

新型コロナウイルスワクチン

20年は新型コロナウイルスによるパンデミックで始まり、その影響が継続したまま1年が過ぎようとしています。09年に起きた新型インフルエンザによるパンデミックとは影響の大きさが異なり、誰しもが驚いています。そして世界中の人々が、新型コロナウイルスに対するワクチンを渇望しています。現在（20年9月時点）、開発はどこまで進んでいるのでしょうか？また、その中身はどのようなワクチンなのでしょうか？

現在、さまざまな製薬メーカーが新型コロナウイルスのワクチン開発に挑んでおり、臨床試験※3の進み具合はそれぞれ異なります。今回特徴的なのは、不活化ワ

【予防接種で健康被害が起きた場合は】

市町村が公費負担で行う「定期接種」の場合は、厚生労働省による「予防接種健康被害救済制度」がある。この制度により、予防接種による明確な副反応でなかったケースも含めて、申請者の8割が救済されている。

個人の判断で行う「任意接種」の場合は、医薬品医療機器総合機構による「医薬品副作用被害救済制度」があるが、こちらは副反応のみを救済の対象とする。

日本における健康被害補償制度の制定は1970年で、世界では3番目。比較的早く導入されたが、国内におけるワクチンの数が増えてきたことや、接種間隔の改訂などを考慮すると、制度自体の刷新が必要な時期にきているとも考えられる。

クチン（組み換えタンパクワクチンも含む）以外の新しい種類のワクチンが、３種類も開発されていることです。

１つ目はＲＮＡワクチン。ヒトが持つ遺伝情報はＤＮＡですが、新型コロナウイルスはＲＮＡを遺伝情報としており、これをワクチンとして利用しようというものです。接種したＲＮＡが細胞に取り込まれ、免疫系に認識されるタンパク質を作ることで、ワクチンとして働きます。

２つ目は新型コロナウイルスとは異なる、無毒または弱毒性のウイルスに新型コロナウイルスの（免疫系に認識されるタンパク質のみの）遺伝子を組み込んだ「ウイルスベクター」と呼ばれるワクチンです。

３つ目はＤＮＡワクチンです。プラスミド（環状になったＤＮＡ）に免疫系に認識されるタンパク質の遺伝子を組み込み、接種します。すると、このプラスミドそのものが、免疫系を補助する物質として働き、さらに細胞の中に入って、免疫系に認識されるタンパク質をつくり出します。

さまざまな種類のワクチンが開発される理由には、緊急性を要すること、また、これまで対象とされてこなかったウイルスを標的としていることが挙げられます。たとえば新型のインフルエンザが標的であれば、これまでのワクチンの実績をもとに開発することが可能です。しかし、新しいウイルスを標的として一からワクチンを開発する場合、通常は10〜20年かかります。しかも、効果や安全性が認められて市場に出回ることができるワクチンは、ほんの一握りです。今回は、

図表9　麻しんの予防接種ワクチンを接種しなかった子どもの数（2010〜2017年）

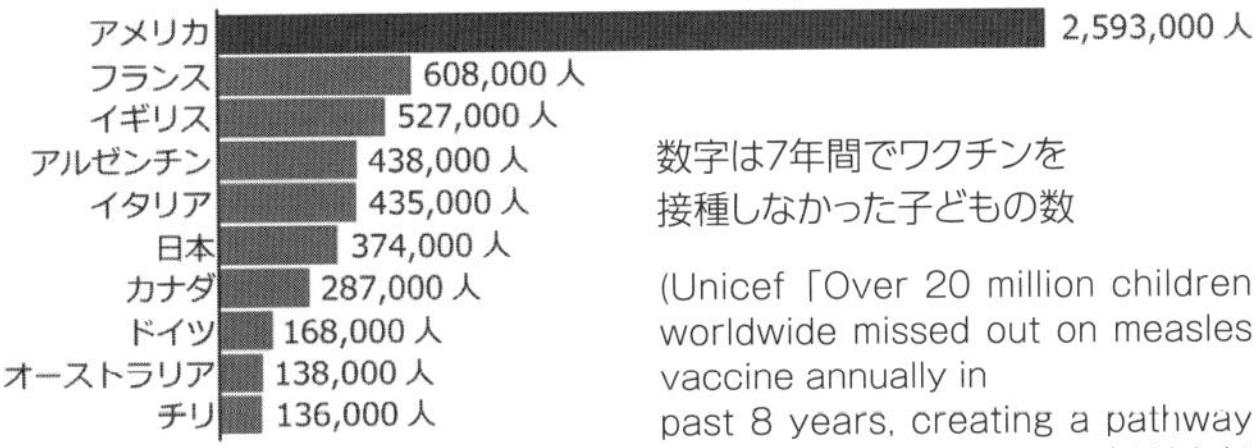

数字は7年間でワクチンを接種しなかった子どもの数

(Unicef「Over 20 million children worldwide missed out on measles vaccine annually in past 8 years, creating a pathway to current global outbreak」より改変)

それをわずか2年で成し遂げようとしているため、新しい種類のワクチンも開発することで、市場に出回るワクチンをひとつでも作ろうとしているのです。

一方で、開発期間を大幅に短縮しようとしていますので、本当に効果があるのか、安全性は問題ないのかといったことを、慎重に検討する必要があります。しかし、現在は新型コロナウイルスのワクチンに対する期待の方があまりにも大きく、効果や安全性についての議論については、残念ながらわずかにしか報じられていません。国民の中で十分認識されているとは言い難いのが現状です。

ワクチンについて正しい情報を入手し、判断を

前述の通り、ワクチンは無毒化または弱毒化した細菌やウイルスを用いているので、絶対に安全なワクチンはありません。ましてや新型コロナウイルスワクチンの場合、有効性や安全性の情報が圧倒的に不足しており、判断に難しいことが多々出てくると思います。

一般の方々がそういった情報を入手するのはとても難しく、どうしてもマスメディアやSNSなどに頼らざるを得ないでしょう。今回の新型コロナウイルスによるパンデミックでは、マスメディアやSNSによる情報が大量に溢れすぎ、社会にいくつもの影響が及ぼされました。

大量の情報が社会に影響を及ぼすことを「インフォデミック」※4といいますが、新型コロナウイルスに対するワクチンが世の中に出てきたときも、ワクチンに対

※3 臨床試験
ワクチンを含め医薬品が開発されるには、まず細胞や実験動物などを使って安全性や効果を確かめる「非臨床試験」を行い、その次にヒトに投与してヒトへの安全性と効果を確かめる「臨床試験」を行う。
臨床試験には、第1相から第3相までの3段階がある。第1相試験では、少数の健康な成人を対象として安全性を確認する。第2相試験では、ワクチンの接種量や接種回数、接種スケジュールなどを確認。第3相では大規模な集団を対象に、ワクチンの有効性と安全性を調べる（医薬品の開発とは少し異なる）。

※4 インフォデミック
Information＋Epidemic。エピデミック（Epidemic）は感染症の流行を指す言葉で、パンデミックは世界的な感染の流行に対して使われる言葉。

するインフォデミックが同じように起きるのではないかと危惧しています。ワクチンを接種すべきという情報と、すべきでないという情報が、おそらく溢れかえることでしょう。

接種そのものは、皆さんの判断に委ねられています。正しい情報を入手して理解し、接種するかどうか判断するよう心がけてください。

図表10　新型コロナウイルスワクチンの種類

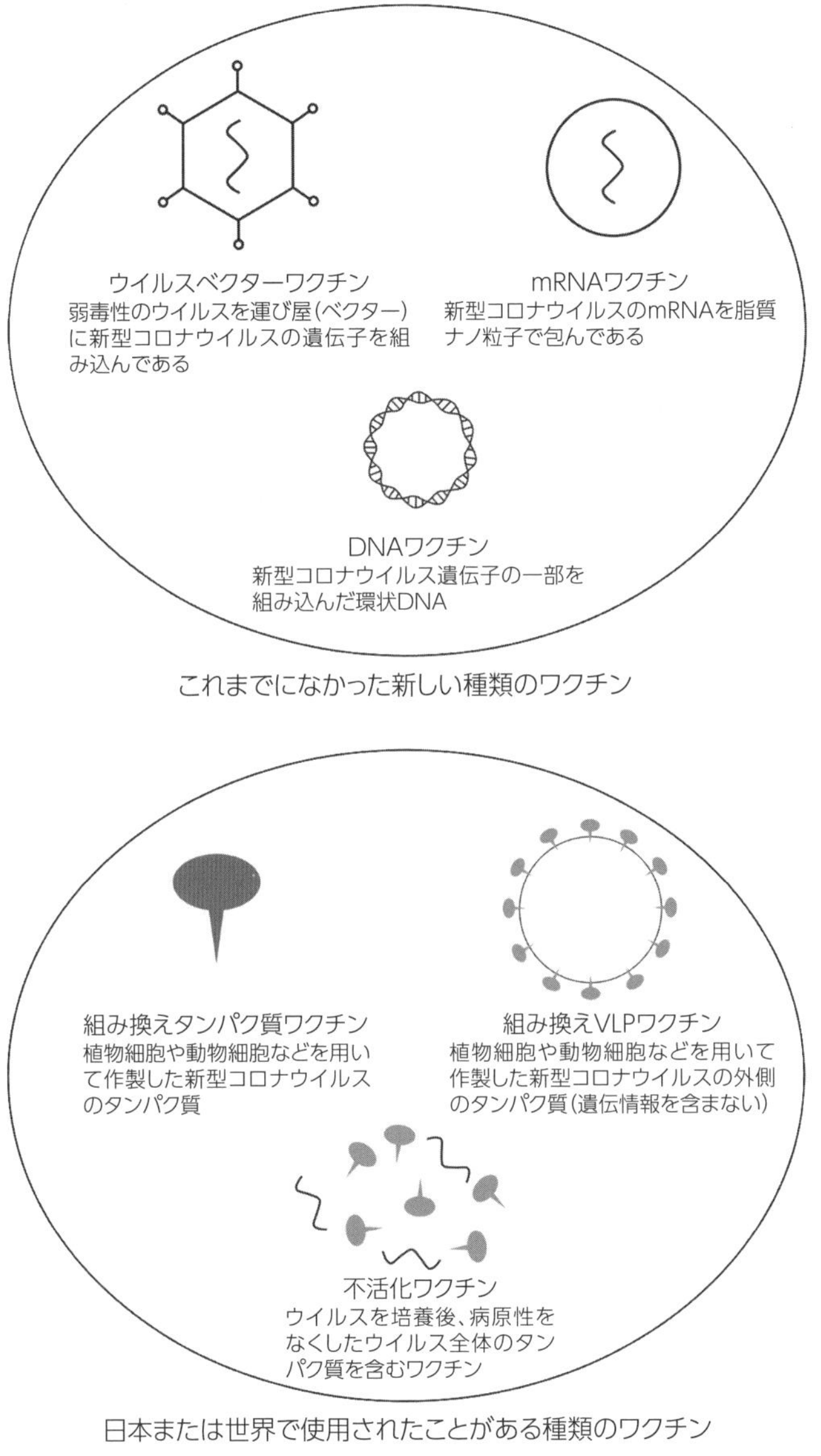
ウイルスベクターワクチン
弱毒性のウイルスを運び屋（ベクター）に新型コロナウイルスの遺伝子を組み込んである
mRNAワクチン
新型コロナウイルスのmRNAを脂質ナノ粒子で包んである
DNAワクチン
新型コロナウイルス遺伝子の一部を組み込んだ環状DNA
これまでになかった新しい種類のワクチン
組み換えタンパク質ワクチン
植物細胞や動物細胞などを用いて作製した新型コロナウイルスのタンパク質
組み換えVLPワクチン
植物細胞や動物細胞などを用いて作製した新型コロナウイルスの外側のタンパク質（遺伝情報を含まない）
不活化ワクチン
ウイルスを培養後、病原性をなくしたウイルス全体のタンパク質を含むワクチン
日本または世界で使用されたことがある種類のワクチン

新型コロナウイルス感染症の在宅医療・看護・介護への影響

名古屋市病院局　局長／医学研究科地域医療教育学　教授
大原　弘隆

新型コロナウイルス感染症について、新規患者数、入院病床の確保状況、ワクチンや治療薬の開発状況などは、新聞、テレビ、インターネットで連日のように報道されています。しかし、在宅医療や看護・介護への影響に関する記事はほとんど見られません。本稿では、今それらに何が起きているか、現状を解説します。

新型コロナウイルス感染症の現況

新型コロナウイルス感染症は世界中で猛威を振るい、2020年9月21日現在、累計感染者数は3千万人を超え、95万人以上が死亡したと報告されています。日本でも、20年1月16日に最初の症例が確認されて以来、都市部を中心に患者数が急増し、同年4月16日には全国に緊急事態宣言が発出されました（図表1）。

一時、患者数が減少したため、5月25日に全国の緊急事態宣言が解除され、6月19日には県をまたぐ移動が可能になりました。しかし、その後再度患者数が急

増して、１日１５９５人の新規感染者をピークとした第２の感染の波に見舞われています。

国や地方自治体は、新型コロナウイルス感染症の拡大に対し、大規模病院の入院病床の確保、マスクやガウンなどの不足する医療物資の補填《ほてん》、重症患者さんのためのＩＣＵ病床、人工呼吸器および体外式膜型人工肺（ＥＣＭＯ）[※1]の確保など、病院機能を温存するためさまざまな対策を行ってきました。

しかし、自宅や施設で在宅医療・看護・介護などを受ける在宅患者さんへの影響が注目されることはほとんどなく、その対応も十分なものではありませんでした。

※1 ECMO
extracorporeal membrane oxygenationの略。

在宅医療・看護・介護などの現況

厚生労働省は、超高齢社会が進行しつつある中で、団塊の世代が75歳以上となる２０２５年を目途に、「地域包括ケアシステム」の構築を推進してきました。重度な要介護状態となっても、住み慣れた地域で自分らしい暮らしを人生の最後まで続けることができるよう、住まい・医療・介護・予防・生活支援を一体的に提供しようというものです。このことにより、在宅医療や看護、介護の重要性が、広く認識されるようになりました。

在宅医療を受ける患者数は、05年の６・５万人から17年の18万人

図表1　新型コロナウイルス感染症の新規国内発生者数

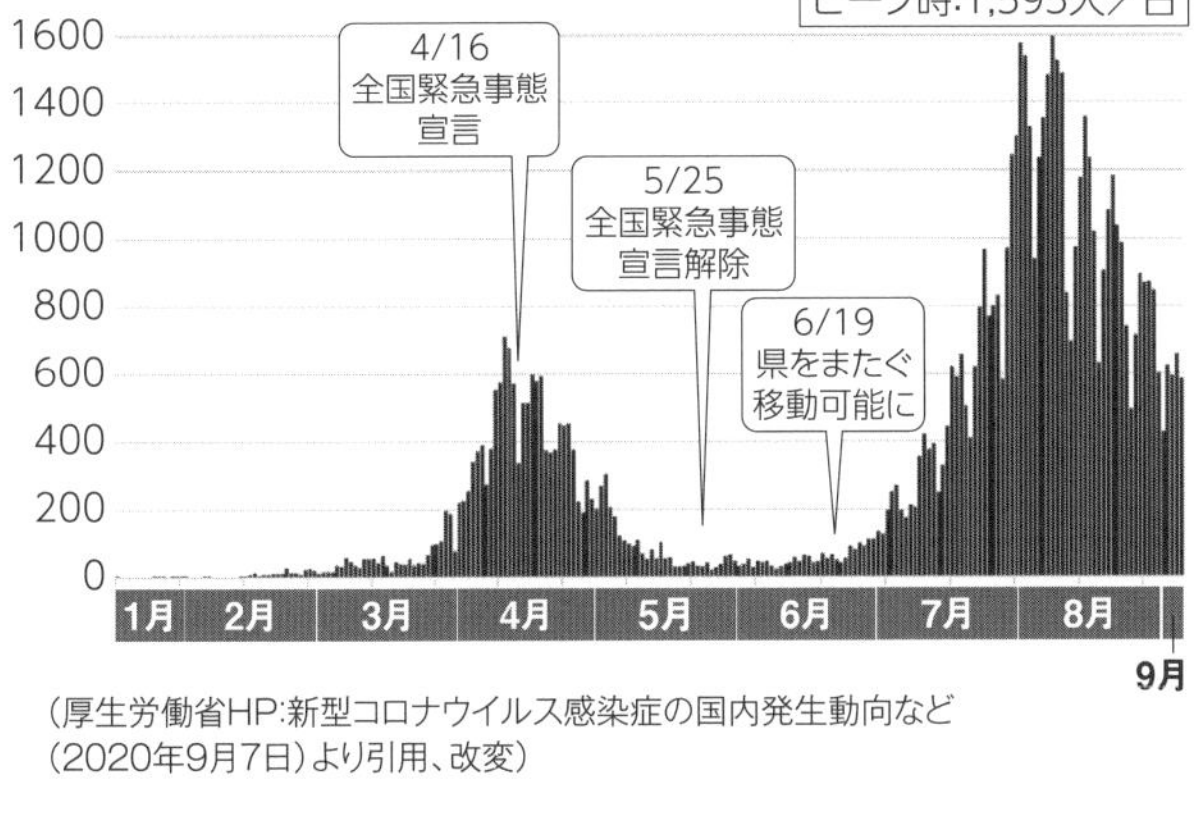

（厚生労働省HP:新型コロナウイルス感染症の国内発生動向など（2020年9月7日）より引用、改変）

と、12年間で約2・8倍に急増しています（図表2）。訪問看護の利用者も年々増加しており、介護保険では17年に46・6万人と、01年の18・8万人の約2・5倍に増加しています。さらに医療保険では、17年に22・9万人と、01年の4・9万人の約4・7倍にも増加しています（図表3）。

多くの大規模病院のベッド数や外来患者数が、横ばいからやや減少していることを考えると、この10数年で日本の医療は、「診療所・病院の医療」から「診療所・病院・在宅の医療」に大きく変化し、在宅医療の重要性が増してきたと考えられます。

そして、これらの医療はお互いを支えあっているため、どれかが大きな機能障害を起こすと、日本の医療を維持することは不可能になります。

新型コロナウイルス感染症蔓延下における在宅医療の問題点と対策

［問題点1］重症化するリスクの高い、身体的な合併症を持つ高齢の患者さんが多い

新型コロナウイルス感染症では、かぜに似た症状や味覚・嗅覚障

図表3　訪問看護利用者数の年次推移

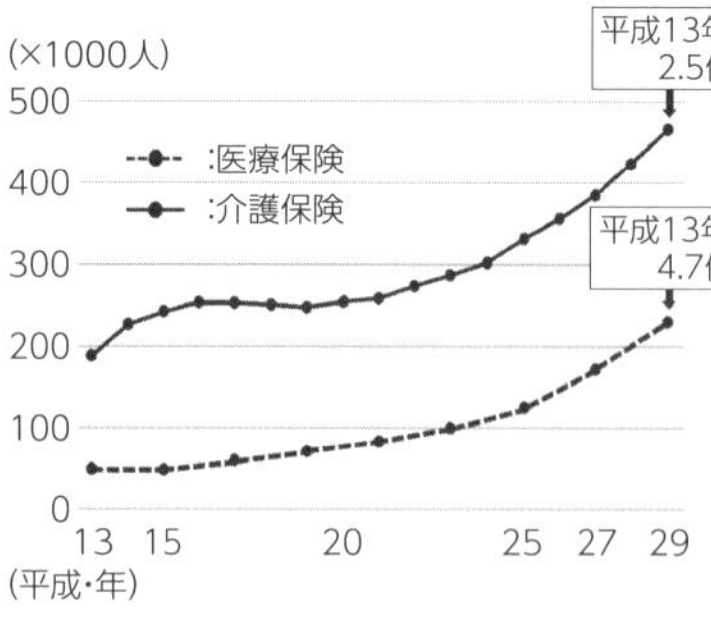

（介護保険については厚生労働省介護給付費実態調査（各年5月審査分）、医療保険については厚生労働省保健局医療課調べ（平成13年のみ8月、他は6月審査分））

図表2　在宅医療を受けた推計外来患者数の年次推移

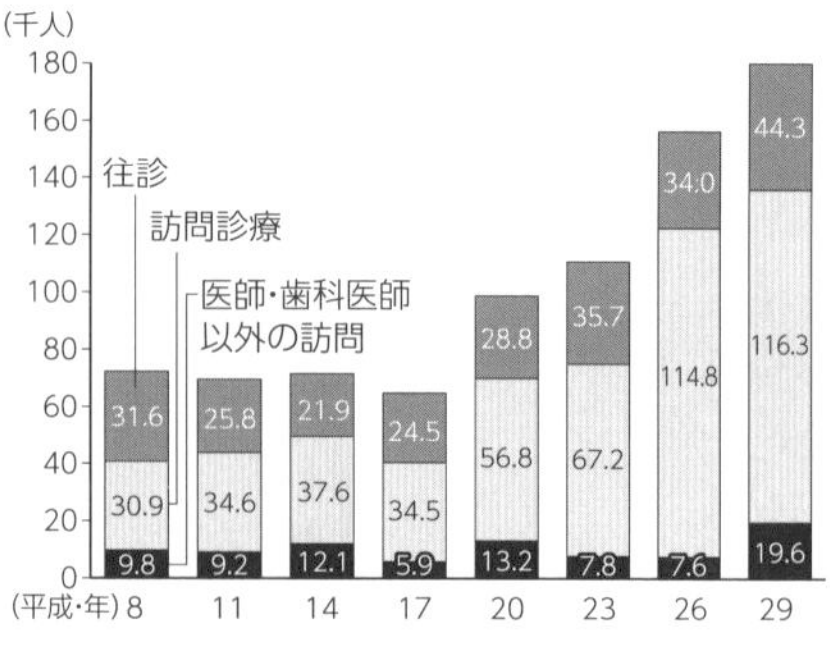

注:平成23年は、宮城県の石巻医療圏、気仙沼医療圏および福島県を除いた数値である
（厚生労働省「平成29年（2017）患者調査の概況」より引用、改変）

害を初期症状として発症し、約80％の方が約1週間でそのまま治癒します（図表４）。

残りの20％は咳や痰、呼吸困難が悪化して、発症７日前後に入院し、５％は人工呼吸器の装着を必要として、２～３％は集中管理を要する致命的な状態になります。

重症化するリスク因子としては、65歳以上の高齢者、慢性閉塞性肺疾患（ＣＯＰＤ）、慢性腎臓病、糖尿病、高血圧、心血管疾患、肥満（ＢＭＩ30以上）などが挙げられています（図表５）。

日本の新型コロナウイルス感染症で死亡した患者は、60歳代以上が多くを占めています（図表６）。致死率も50歳代までは１％未満ですが、60歳代は３・５％、70歳代は10・９％と高くなり、80歳以上では23％と急上昇します。高齢であることは、それ自体大きな重症化リスク因子と考えられます。

在宅診療を受ける患者さんは、高血圧、糖尿病、心血管疾患などの身体的な合併症を持つ高齢者が多いため、一旦新型コロナウイルスに感染すると、重症化するリスクがとても高いことが予想されます。そのため、在宅患者さんでは、早期診断と、当初から重症化することを念頭に置いた治療が望まれます。

また、在宅患者さんに新型コロナウイルス感染症が流行すると、その地域にお

図表4　新型コロナウイルス感染症の臨床経過

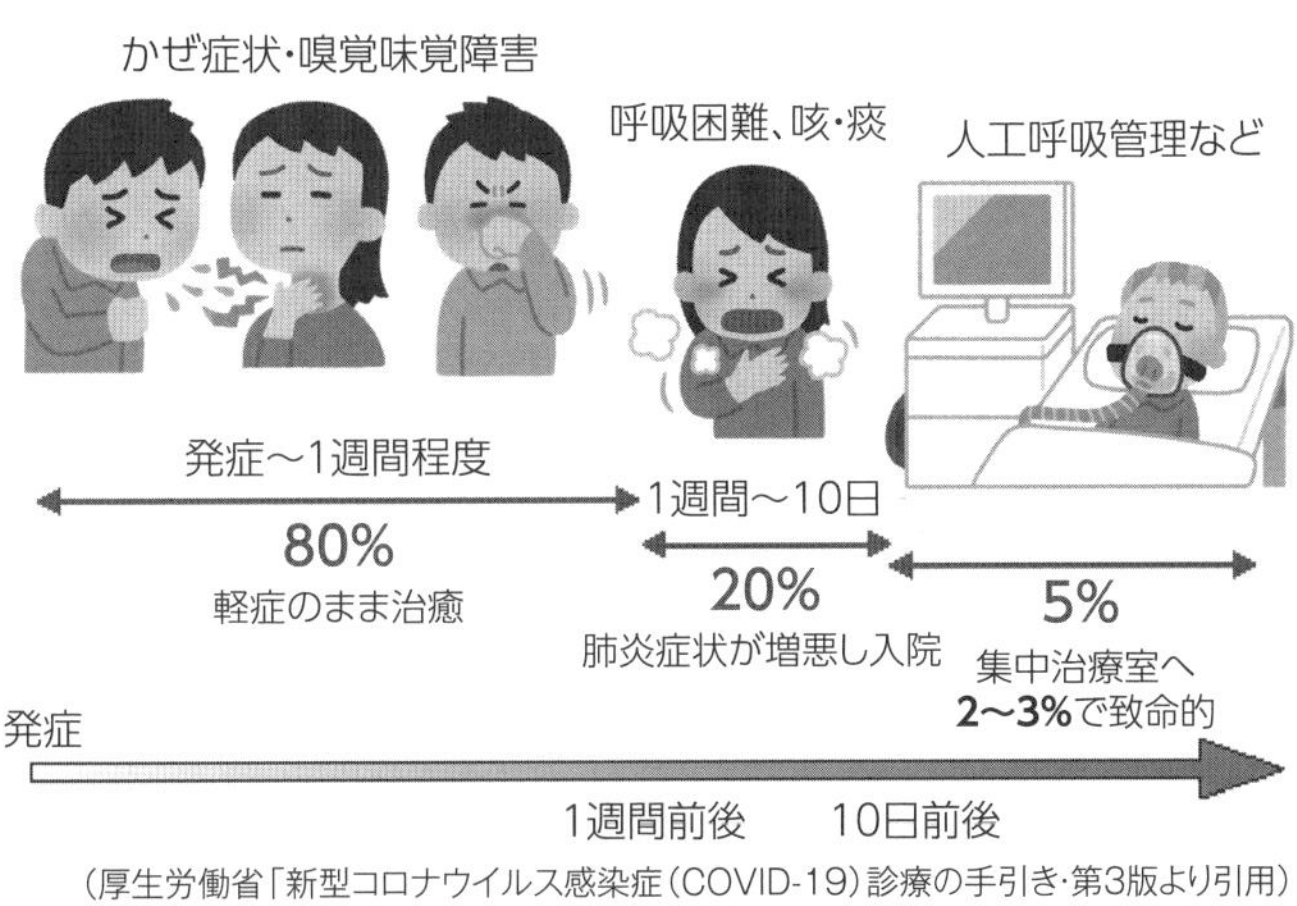

（厚生労働省「新型コロナウイルス感染症（COVID-19）診療の手引き・第3版より引用）

ける重症者用病床の多くを埋めてしまい、病院機能が逼迫《ひっぱく》した状態に陥ることが危惧されます。

【問題点2】在宅患者は病院受診のための移動が容易ではない

自宅や施設で在宅医療、在宅看護、または在宅介護などを受けている在宅患者さんの多くは、1日のほとんどをベッド上で生活する高齢者、神経難病の患者さん、医療的ケアを要する子供たちなどです。患者さん自身で病院を受診することは困難です。

一方、在宅患者さんは、しばしば発熱をきたし、肺炎様の呼吸器症状がみられることがあります。平時であれば、唾液や食べかすを誤嚥《ごえん》することによる「誤嚥性肺炎」と診断し、抗生物質などで対応します。

しかし、新型コロナウイルス感染症が流行している現在は、症状が何によるものか、はっきりと確実に診断しなければなりません。在宅患者には前述のように重症化リスクの高い高齢者が多いため、できるだけ早く新型コロナウイルス感染症か否かを診断し、もし陽性であればすみやかに入院治療を受けることが望まれるからです。

新型コロナウイルス感染症を確定診断するためのPCR検査には、インフルエンザウイルス感染症と同様に、鼻腔や咽頭の粘膜を綿棒でこすって得られた検体を用います。その検体を得る際には、医療従事者が濃厚接触者にならないよう、サージカルマスク、N95マスク、フェイスシールド、ガウンなどの防御具を装

図表5　重症化のリスク因子

重症化のリスク因子	重症化のリスク因子かは知見が揃っていないが要注意な基礎疾患
●65歳以上の高齢者	●生物学的製剤の使用
●慢性呼吸器疾患	●臓器移植後やその他の免疫不全
●慢性腎臓病	●HIV感染症（特にCD4<200$\mu\ell$）
●糖尿病	●喫煙歴
●高血圧	●妊娠
●心血管疾患	●悪性腫瘍
●肥満（BMI30以上）	

（厚生労働省「新型コロナウイルス感染症（COVID-19）診療の手引き・第3版より引用）

着します。ＰＣＲ検査やその検体採取は、通常は帰国者・接触者外来のある病院や地域外来・検査センターで行うことになっています。また、ＣＴ検査も診断に有用とされています。

しかし、在宅患者はそれらの検査施設に行くことが容易ではありません。また、新型コロナウイルス感染症が強く疑われる患者さんを、実際に誰がどのような手段で病院まで搬送するのかも問題になります。そのため、一部の在宅医はやむを得ず、患者さんの自宅や施設内で検体採取を行っていました。

日本在宅医療連合学会は、20年の2〜5月に、同学会会員２４４３人を対象に「在宅医療における新型コロナウイルス感染症の影響の調査」を行いました（回答数：３１６件、12・９％）。その結果、89名（27・９％）の在宅医が合計７１８件（自宅：４０２件、高齢者施設：３１６件）でＰＣＲ検査を検討、依頼、または実施するなど、新型コロナウイルス感染症の診断に関与していました。そのうち１５３件は40人の在宅医により、自宅や施設においてＰＣＲ検査が実施されていました。

このような問題に対応するため、厚生労働省の研究班は、「症状発症から９日

図表6　年齢別死亡者数と致死率（20年8月5日時点での死亡確認数）

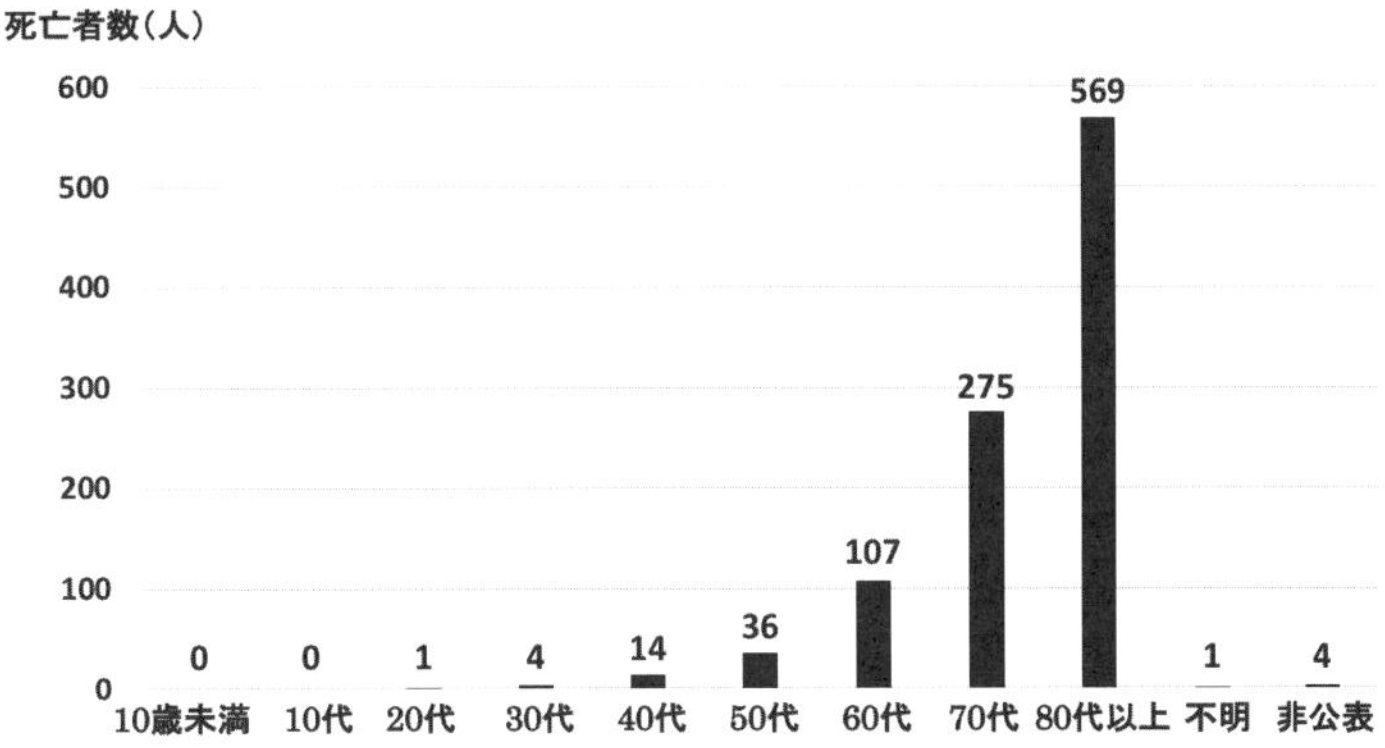

致死率（%）：年齢階級別に見た死亡者数の新型コロナウイルス感染症陽性者に対する割合

全体	＜10歳	10代	20代	30代	40代	50代	60代	70代	≧80代
2.5	0.0	0.0	0.0	0.1	0.3	0.7	3.5	10.9	23.0

（厚生労働省「新型コロナウイルス感染症（COVID-19）診療の手引き・第3版より引用）

以内の患者」であれば、「唾液を検体としたＰＣＲ検査」が有効とし、20年6月2日からこれが導入されました。

唾液を用いた検査は手技として容易であり、検体採取に慣れていない在宅スタッフが行っても検査精度が低下する心配はありません。現在、この検査法は在宅医のみでなく、一般の診療所でも広く普及しつつあります。

【問題点3】医療物資の不足

新型コロナウイルス感染症患者が急増した時期には、多くの大規模病院でも、日常診療でよく使用するサージカルマスクや消毒用エタノールをはじめ、通常では使用頻度の低いＮ95マスク（ウイルスの吸入を防ぐ）、ガウン、フェイスガードなどの感染防御具が極端に不足した状態に陥りました。

小規模の医療機関が多い在宅医療施設では、大規模病院よりそれらの医療物資がより入手しにくい状態が続き、十分な感染防御具のない状態で在宅医療を行ってきました。

日本在宅医療連合学会のアンケート調査でも、82・5％の在宅医療施設が、必要な感染防御具が不足していた、と回答しています。そのため、16・2％の施設で医師・職員の感染（疑いを含む）または濃厚接触が発生し、4件は診療の一時全面停止、8件において診療の一部停止を余儀なくされました。

現在では、アルコール消毒液、サージカルマスクやガウンなどの感染防御具も入手できるようになっていますので、多くの施設でそれらを十分量備蓄していることを願っています。

［問題点4］3密（密閉、密集、密接）環境下での業務

そもそも在宅医療・看護・介護は、通常患者さんや家族と密接な状況で行われます。特に、介護は高齢者を抱きかかえたり、食事や入浴などの介助を行う密着型のサービスであり、3密の状況を避けることは不可能です。

認知症の患者さんには、マスクの着用や手指消毒などの感染対策を徹底することは容易ではありません。さらに、通所または入所系介護施設は、共同での活動を基本として建築設計されていることが多いため、集団感染の危険性が高くなります。また、在宅療養は、医師、看護師、介護福祉士、訪問介護員などの多職種の連携によって成り立っており、それぞれが異なった複数の居宅や施設で業務を行っています。

したがって、1人の患者さんや職員が新型コロナウイルス感染症に感染すると、その施設のみでなく多くの施設に感染が拡大してクラスターが発生する危険性をはらんでいます。実際、名古屋市でも、感染症拡大第1波のときには、デイケアサービスを介して複数の介護施設においてクラスターが発生し、その地区全体の福祉施設の事業を一時休止せざるを得ませんでした。

20年5月、在宅患者さんと介護サービスの仲介の要であるケアマネージャー（1243名）を対象としたアンケートでは、新型コロナウイルス感染症の拡大

写真1　手指の消毒をする特別養護老人ホーム入居者と職員

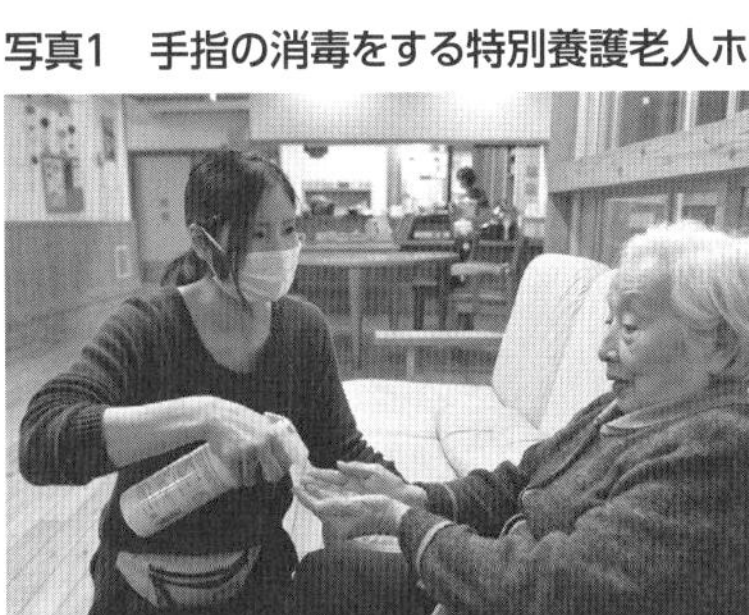

とともに、介護・高齢者支援事業（訪問看護、訪問介護、通所介護、通所リハビリ、短期入所）を「縮小」したと回答した人が608名（57％）、「休止」が470名（44・1％）、「廃止」が34名（3・2％）いました。

また、所属する事業所が新規受け入れを中止したと回答した人は、628名（58・9％）でした。このような介護・高齢者支援サービスの低下により、「身体機能の低下が進み、重度化した」、「認知症状が出現ないし悪化した」、「不定愁訴《しゅうそ》※2を訴えるようになった」、「精神面での不安定さが目立つようになった」などさまざまな影響が出てきていることが明らかになってきています。

在宅療養施設における感染拡大を予防するためには、それぞれの施設で可能な限りの感染予防策を徹底することはもちろんですが、感染者が複数の施設を利用している場合に、それらの施設間で情報を共有することも重要です。

しかし、都市部では在宅患者さんが複数の施設を利用し、在宅診療従事者も複数の居宅や施設に出入りするなど複雑に絡み合っているため、情報を共有することが容易ではありません。

また、情報公開するとその事業所が誹謗《ひぼう》中傷されることがあるため、公開をためらう事業所もあり、情報の共有化は今後の課題になっているのが現状です。

【問題点5】人生会議の必要性

自宅で在宅医療を受けている方は、家族および医療・介護従事者とともに人生

※2　不定愁訴
なんとなく体調が悪い、という自覚症状の訴えがあるものの、検査をしても客観的な異常がなく、原因となる病気が見つからない状態のこと。頭が重い、イライラする、ふらつく、疲労感が取れない、よく眠れないなどさまざまな訴えがある。

会議を開き、アドバンス・ケア・プランニング（ACP）[※3]として、住み慣れた自宅で最期を迎えることを望んでいることが少なくありません。

しかし、新型コロナウイルス感染症は２類感染症に指定されているため、感染した在宅患者は、感染拡大を防ぐために原則的には入院する必要があります。現在は、無症状あるいは微熱程度の軽症であれば、自宅療養するという選択肢もありますが、介護あるいは同居する家族への感染が心配になります。そして、呼吸状態が悪化したときに人工呼吸器を装着するか、さらに状態が悪化した場合にECMOや人工透析を導入するかなど、人生会議を行った際にはまったく想定していなかったことを選択する必要に迫られます。

過日、タレントの志村けんさんが新型コロナウイルス感染症により急逝された後、親族は遺骨になるまで亡きがらに会うことができなかったことや、人工呼吸器装着時に麻酔で意識がなくなり、目覚めることなく亡くなったことが、大きな話題になりました。

通常、人生会議によるACPは、予後不良の悪性疾患や慢性疾患にかかっている場合に行われます。今回の新型コロナウイルス感染症のように、最後の時間を家族と共有できないほど病状の進行が早く、家族の見守りもなく孤独に亡くなる疾患は想定されていません。

もし新型コロナウイルスに感染し、病状が悪化したときに人工呼吸器やECMOなどの治療を希望するか――。これを含めた人生会議を、再度行うことが望まれ

※3 ACP
人生の最終段階においてどのような医療や介護ケアを望むか、予想外の事態となったときの意思決定を誰に託すかなどを、患者さんを中心に、家族や友人、医療・介護者がくり返し話し合い、患者さんの意思決定をすること。

ます。

新型コロナウイルス感染症の拡大が激しい欧米では、ＩＣＵ病床、人工呼吸器およびＥＣＭＯなど不足している医療資源をいかに配分するかという観点から、ＡＣＰの重要性が説かれています。現在のところ、日本は欧米のようには逼迫《ひっぱく》していませんが、在宅患者さんには、万が一新型コロナウイルスに感染したときのことを含めて、再度人生会議を開き、ＡＣＰを再検討することが望まれます。

コロナ禍でも安心な在宅療養を求めて

新型コロナウイルス感染流行の当初は、さまざまな問題になすすべもありませんでしたが、現在はそれらの対応策を少しずつ繰り出している状況と考えられます。

新型コロナウイルス感染症に有効かつ安全なワクチンや特効薬が１日も早く開発されるとともに、安全で安心な在宅療養の環境が確立されていくことを期待しています。

お薬との上手なつきあい方

医学研究科臨床薬剤学　教授　木村　和哲

自分が飲んでいるお薬のことをあなたはどれだけ知っていますか？これからの人生でお薬とのつきあい方を正しく知る事が、健やかに過ごすための秘訣です。

お薬を飲む正しいタイミング

お薬は食事に合わせて、飲むタイミング（用法）が定められています。病院で出されるお薬の袋には、それぞれのお薬に合った用法が記載されています。

「食前」とは、食事の20～30分前のことです。食べ物や胃酸の影響を受けることを避けるべき薬は、食前で飲むよう処方されます。糖尿病で、食事による血糖値を下げるための薬も、食前に服用します。胃の調子を整える食欲増進剤や、食べた後の吐き気を事前に抑える薬なども、食前に飲むのが効果的です。

「食間」とは、食事の最中だと思われている方も多いようですが、これは「食事と食事の間」という意味で、食事を終えてから約2時間後が目安です。空腹の

状態で飲むと吸収がよい薬や、胃の粘膜を保護するための薬などを、食間に飲みます。

「食後」とは、食事が終わって20～30分後のこと。食事の後は胃の中に食べたものがあるので、胃への刺激が少なくなります。食後の薬は、飲み薬の中で最も多いタイプです。食べ物と一緒のほうが吸収がよくなる薬や、空腹時に飲むと胃を荒らす薬などを、主に食後に飲みます。

食事ができなかったからといって薬を飲まないと、体内の薬の量が低下してしまい、効果が得られないことがあります。クラッカーやクッキー1枚だけでも胃に入れてから薬を飲めば、食後に近い状態になり、胃の保護にもつながります。ただし、糖尿病の薬は食事を摂らずに飲むと、血糖値が下がりすぎるので注意が必要です。

これら以外にも、「食直前」(食事の直前)や「食直後」(食事のすぐ後)、「就寝前」、もっと厳密に何時と何時など医師が指定する薬もあります。

薬は、体の中に一定の量があるときに効果を発揮します。

体の中にある薬の量を判断するためには、血液の中の薬の濃度(血中濃度)を調べます。薬を飲むと、血中濃度は徐々に上がっていきますが、その後時間の経過とともに下がり始めます。これが下がりきらないうちに次の薬を飲むことによって、血中濃度を一定レベルに保つことができるのです(図表1)。特にぜんそくや不整脈の薬などは、血中濃度を一定に保つ必要があります。

図表1　飲み薬の有効時間

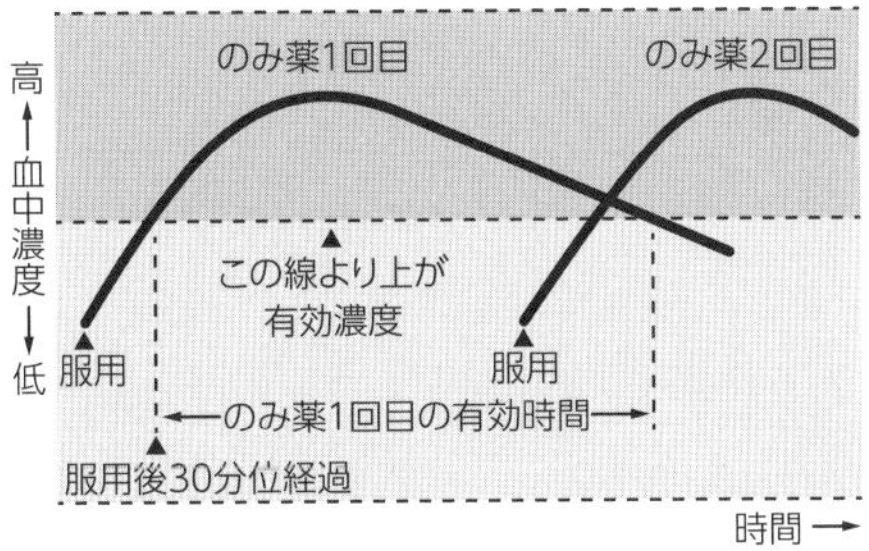

(日本製薬工業協会HP『くすりの情報Q&A55』
http://www.jpma.or.jp/より)

こうした意味からも、服用時間を守り、規則正しく薬を飲むことが大切です。ただし、飲み忘れたから次にまとめて2回分飲む、というのはいけません。血中濃度が上がりすぎて危険なことがありますので、やめましょう。

お薬はどう効くのか、考えてみよう

一般的な飲み薬の場合、食べ物と同様に食道から胃へ、胃から腸へと流れ、吸収されて肝臓へ運ばれます。その大部分はそのまま血液中に入り、血管を通って患部（病気のある部位）へ届けられます。

特に重要な働きをするのが、肝臓です。肝臓は薬を代謝[※1]する機能を持っています。多くの薬は代謝によって形が変わり、作用を失います。服用後、時間が経つと、体にまわった薬は1回、2回と肝臓を何度も通り、代謝を受け、最後には尿や便、汗などと一緒に体外に排せつされます。

薬は、「必要なときに、必要な量を、必要な部位に」到達させるのが理想です。そこで、薬をもっとも効率よく、かつ安全に患部へ届けるための工夫や技術が考え出されています。

現在注目されている、「DDS[※2]」もそのひとつの考え方です。薬の成分によっては、途中で胃に影響を与えたり、反対に胃酸などの作用で効果が弱まってしまったりすることがあります。また、患部に運ばれる途中に、肝臓などで代謝され、

※1 代謝
体の中で、物質が化学的に変化して性質が変わること。また、それに伴ってエネルギーが出入りすること。

※2 DDS
薬物送達システム、ドラッグデリバリーシステムの略。

必要な量が患部に届かないこともあります。DDSは、たとえば薬を膜などで包むといった工夫により、必要な量を患部に届ける技術です。

「DDS」では、薬の治療効果を高めるだけでなく、副作用の軽減も期待できます。錠剤をコーティングしてゆっくり吸収するように工夫されたお薬や、消化管内の酸性度（pH）によって溶け方を制御できるお薬も開発されています。自分の飲んでいるお薬がどのような仕組みで効くのかを知ることは、副作用を回避するためにも、とても重要なことです。

お薬と食べ物の関係

飲み薬は一般的に、コップ1杯程度（約200CC）の水、またはぬるま湯で飲むように作られています。コーラやジュース、牛乳などで薬を飲むと、薬の成分にもよりますが、一般的には吸収が遅くなったり、悪くなったりして、効果も薄まる傾向がみられます。緊急の場合を除いては、水以外のものでは飲まない方がよいでしょう。

グレープフルーツジュースで血圧降下薬（一部のカルシウム拮抗薬）などを飲むと、薬の代謝が抑えられて、作用が強く出てしまうことがあります（図表2）。ジュースだけでなく、グレープフルーツの実を食べても、同様の作用が出てしまいます。この作用は3日ほど続く場合があります。これは、グレープフルーツに含まれる「フラノクマリン」という物質が、薬を分解する小腸の酵素（CYP3

図表2　お薬を水とグレープフルーツジュースで飲んだ場合の効き方の違い

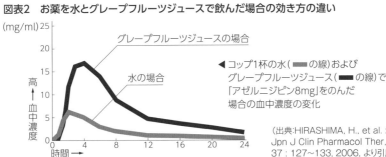

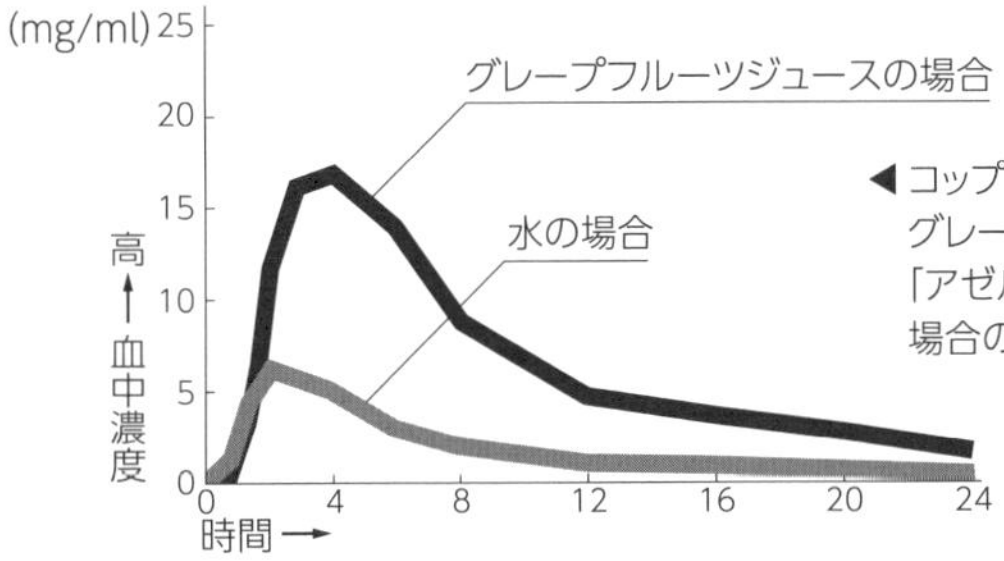

◀コップ1杯の水（■の線）および
グレープフルーツジュース（■の線）で
「アゼルニジピン8mg」をのんだ
場合の血中濃度の変化

（出典:HIRASHIMA, H., et al. :
Jpn J Clin Pharmacol Ther,
37 : 127~133, 2006, より引用・改変）

A４）の働きを阻害し、薬の分解が遅くなって、極端に効き目が強くなってしまうためです。

アルコールの場合は、一緒に飲むと薬の吸収が早くなって、効き目が強く出ることがあります。特にアルコールと同じような作用（眠くなるなど）を持つ精神安定剤や睡眠剤などは、注意が必要です。糖尿病の薬には、低血糖を起こしやすくなるものもあります。薬は、絶対にアルコールと一緒に飲まないでください。

食品の中でも、飲み合わせに注意が必要なものもあります。

納豆といえば、体によい食品としてよく知られていますが、心筋梗塞や脳梗塞でワルファリン（血液を固まりにくくし、血栓を予防する薬）を飲んでいる人には支障があります。納豆に豊富に含まれているビタミンKには、血液を固める作用があり、ワルファリンとはまったく反対の性質をもっているのです。納豆を食べるとワルファリンの効果を弱めてしまうので、注意しましょう。１回納豆を食べると、納豆菌がお腹の中で生きていてビタミンKを作るので、３日ほど影響が残る場合があります。

ほかにも納豆同様、ビタミンKを多く含むホウレンソウ、ブロッコリーなどの緑黄色野菜や海藻類も、大量に食べると支障をきたす場合があるので、気をつけましょう（図表3）。

図表3　ビタミンKを多く含む食品

食品	1回使用量(g)	ビタミンK(μg)
卵	50	7
納豆	50	435
ほうれん草	80	216
小松菜	80	168
にら	50	90
ブロッコリー	50	80
サニーレタス	10	16
キャベツ	50	39
カットわかめ	1	16
のり	0.5	2

ビタミンKはこのほかに、
植物油に含まれている

（日本食品標準成分表2010より抜粋）

お年寄りはお薬が効きすぎる

お年寄りは、思い違いからお薬を飲み忘れたり、飲み間違えたりすることがときどきあります。毎日お薬を使っている人ほど、飲み慣れているために、かえって思い違いをすることが多いようです。

飲み忘れや飲み間違いなどを防ぐための対策として、薬用のカレンダーやノートを作っておくと便利です。薬の管理をしっかりして、誤使用をなくす工夫をしておくことが大切です。

また、飲み込む力が弱くなっている方も多いので、普段から多めの水で薬を飲んでもらうようにしましょう。寝たままの姿勢で薬を飲むと、のどに詰まらせたり、気管支に入って思わぬ副作用を起こしたりしかねません。寝たきりのお年寄りに薬を飲ませるときは、少しでも体を起こしてあげることが大切です。

お薬の「飲み合わせ」にも注意が必要です。お年寄りには、いくつもの病院や医院にかかり、それぞれの医療機関で薬をもらうケースがよくあります。薬同士の作用によって、効果が強まることや、反対に弱まることも考えられます。複数の病院や医院にかかるときは、「おくすり手帳」を持参し、すでに使っている薬の名前を医師に告げてください。

お年寄りは年齢が進むにつれて、薬の分解や排せつ能力も徐々に低下していき

【子どもにお薬を飲ませる場合は】

粉薬の場合は、少量の水を加え団子状にして上あごへ、少量の水で溶いてスプーンやスポイトで流し込む、好きな飲み物や食べ物（アイスなど）に混ぜて飲ませる、服薬補助ゼリーを使用するなど、お子さんの好みや性格に合った方法で工夫するのもよいと思います。ただし、抗生物質の一部では、酸性のものに混ぜると苦くなることもあるので、薬剤師に相談してください。

ます（図表４）。今まで飲んでいた量では多過ぎることもあります。いつもと違う症状が出たら、薬の量が多いために起こった副作用である可能性も考え、医師・薬剤師に相談しましょう。

また、錠剤・カプセルには砕いてもいいものと、そうでないものとがあります。勝手に錠剤をつぶしたり、カプセルを外して飲むことはやめましょう。

最近では製薬会社の工夫で、口に入れるとすぐに溶ける口腔内崩壊錠《こうくうないほうかいじょう》が開発されています。ラムネ菓子のように口の中でフワッと溶ける性質をもっているので、のどに詰まらせる心配もありません。そのほか、ゼリー状やペースト状の薬、薬を飲み込みやすくする嚥下《えんげ》補助ゼリーなども市販されています。お年寄りの状態に合わせて、いろいろな嚥下補助剤も利用してみましょう。

図表4　お年寄りの身体の特徴

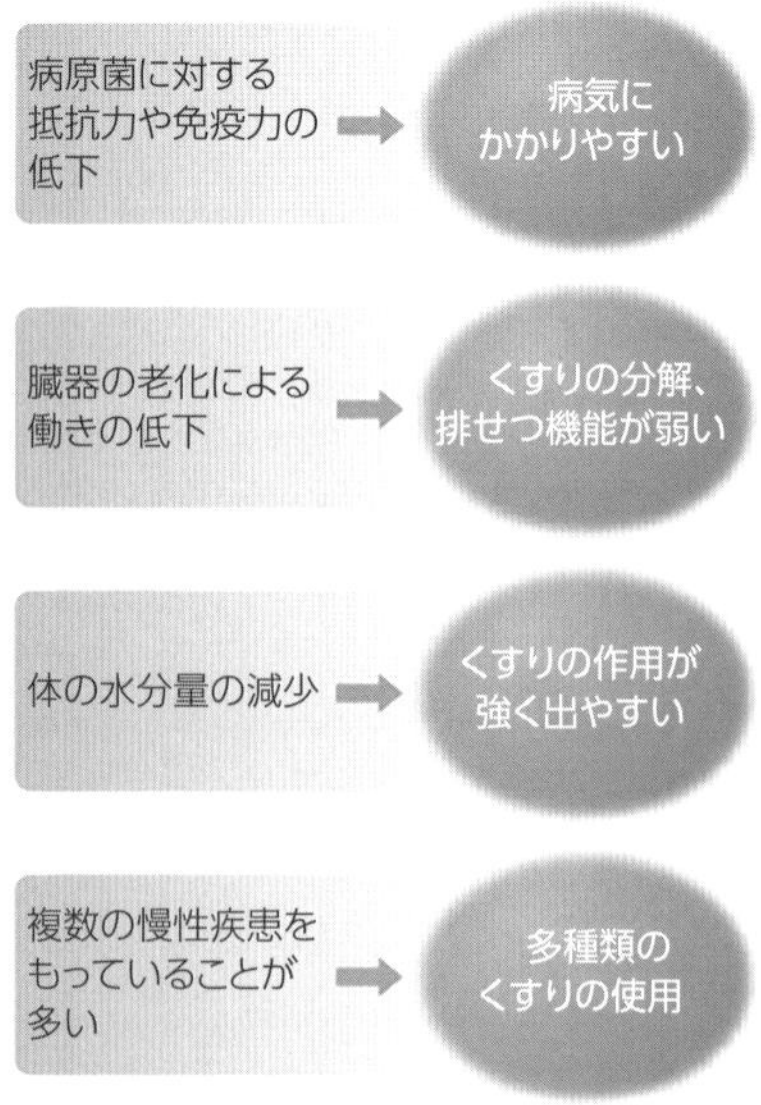

（日本製薬工業協会HP『くすりの情報Q&A55』
http://www.jpma.or.jp/より）

おくすり手帳を利用して「かかりつけ」を持とう

「おくすり手帳」とは、これまでに処方された薬の名前や量、服用回数などの記録を残せる手帳のことです。医師や薬剤師に提示することで、薬の飲み合わせ（相互作用）や、重複投薬などを防ぐことができます。また、副作用やアレルギーの情報は、より安全な治療の手助けになります。

手帳はひとつにまとめておくと安心です。薬局に行くたびに新しいおくすり手帳を作ってもらうと、家に何冊も手帳がたまり、どれが先にあったのか、よくわからなくなってしまいます。そうなると、重複投薬や相互作用などについて確認できなくなる可能性が出てきます。そんなときはかかりつけ薬局に、「お薬手帳を1冊にまとめてほしい」と申し出ていただくのも、ひとつの方法です。

「おくすり手帳」の保管については、特に決まった期間はありません。しかし、過去の「おくすり手帳」は服用歴として大切な情報ですので、できれば過去のものも保管するのが望ましいです。アレルギー歴や過去の副作用歴など重要な情報が、新しい「おくすり手帳」に記載、転記されているかは、必ず確認しましょう。また、入院の記録など特別な状況が記載されている「おくすり手帳」は、さらに過去にさかのぼって保管してください。最近では、「電子おくすり手帳」のアプリも整備されていますので、ダウンロードし活用できます。

複数の病院を受診している場合も、「かかりつけ薬剤師・薬局」を決めておくと、家族の薬の情報を一元管理してもらえて安心です。処方薬のことはもちろん、市販薬やサプリメント、健康食品、病気の予防法や健康に関する相談もでき、休日や夜間などでも対応してもらえるので、助かります。

1995年1月、阪神・淡路大震災が発生した際には、薬に関してとても困ったことが起きました。

被災地に全国から次々と救援物資と薬が届けられましたが、病気を患っている人たちに薬を渡そうとしたところ、多くの人が、自分の使っている薬の名前を知りませんでした。病院も被災により機能停止状態で、カルテの確認もできず、不安と混乱を招きました。

災害時の医療情報としても、「おくすり手帳」は非常に貴重な情報源となります。大切に運用していかなければならないと思います。

後発品(ジェネリック)とは何でしょう

先発医薬品の特許が切れた後に、それと同じ有効成分で製造・販売される医薬品を「後発医薬品」といいます。欧米では一般名（generic name）で処方することが多いため、「ジェネリック医薬品」ともいいます。

先発医薬品を開発した医薬品メーカーには、その新薬を独占的に販売できる特許期間（20〜25年）があり、その期間が終了すると、新薬に使われた有効成分や製法などは国民共有の財産になります。そして、厚生労働大臣の承認を得られれば、「ジェネリック医薬品」として製造・販売が可能になります。

先発医薬品の研究開発には、長い歳月と莫大な投資費用がかかり、コストが薬の値段に反映されています。これに比べてジェネリック医薬品の場合、すでに有効性や安全性について先発医薬品で確認されているので、薬の値段も先発医薬品と比べて5割程度、中にはそれ以上安く設定できるものもあります。

慢性的な病気で薬を長期間服用する場合などは、ジェネリック医薬品の使用で、薬代を大幅に削減できます。薬代が減らせれば、医療保険の支払い額も抑えることができ、保険料や税金の負担減にもなります。

「安くて本当に効き目はあるのか」「安全性は大丈夫なのか」と心配する方もいるかもしれません。ジェネリック医薬品の開発にあたっては、医薬品メーカーにおいてさまざまな試験が行われており、先発医薬品と効き目や安全性が同等であると証明されたものだけが承認されます。

まずは、かかりつけの医師や薬剤師に相談してください。ただし、すべての医薬品にジェネリック医薬品があるわけではありませんので、その点はご理解ください。また、前述のとおり、ジェネリック医薬品は先発医薬品と有効成分や効果などは変わりませんが、使用されている添加物が異なることがあります。切り替えた場合は、しばらくお薬によるアレルギー症状（じんましん）など変わったことがないか注意してください。

お薬に頼らず、生活習慣を見直しましょう

生活習慣病は、その名のとおり、普段の生活習慣が病気の発症や進行に深く関わっています。お薬だけに頼らず、生活習慣病を予防・改善することこそが、健康長寿への近道です。

最近のデータでは、日本人の死因順位[※3]は、1位がん、2位心臓病、3位肺炎、4位脳卒中となっています。また、全死亡者の半数は、3大生活習慣病（がん・心臓病・脳卒中）で亡くなっています。

健康にも〝リスクマネジメント〟の考え方が大事です。心筋梗塞、脳卒中、がん、糖尿病をはじめとする生活習慣病は、共通のリスクファクターを持ち、互いに影響を及ぼす関係にあります。病名は違っても同じ根っこ（生活習慣）から派生した病気だからです。

「体質」や「遺伝」といった潜在的な要素を除けば、習慣から生まれる病気は、習慣によって改善されるもの。意識的に生活を改善するだけで、生活習慣病のいくつかは同時に予防することができます。お薬を有効に使うことは大事ですが、まずは病気を呼び寄せない生活を心がけましょう。

※3　平成27年　厚生労働省「人口動態統計」より。

お薬を正しく使って、要介護状態をふせぎ、災害に備えよう！

医学研究科地域医療教育学　特任准教授（名古屋市立大学病院　薬剤師　兼務）　川出　義浩

少子高齢化が進む日本では、介護状態になることを予防するため、個人の主体的な努力が求められています。介護予防のためには、薬による持病の管理が重要です。日頃から薬に対する知識を高め、正しく管理することは、住み慣れた地域での安心した暮らしにもつながります。

要介護にならないためにはお薬が重要

「フレイル」とは、英語〝frailty（虚弱）〟の日本語訳として、日本老年医学会が14年に提唱した用語です。フレイルは要介護状態に至る前段階として位置づけられます。身体が弱るだけではなく、精神的に、また社会的側面においても問題を抱えやすく、自立障害や死亡を含む健康障害を招きやすい、ハイリスクの状態を意味します。

しかし、フレイルは努力次第でもとに戻すことができます。適切に対処すれば、

健常に戻ったり、要介護になる時期を遅らせたりすることができるのです。

加齢により、さまざまな臓器で生理的機能やホメオスタシス（恒常性）が低下すると、予備能力（ストレスに対する回復力）が低下します。図表1では、予備能力を減らす原因として、疾患（持病）やストレスを、下向きの矢印で示しています。これらをうまくコントロールできれば、フレイルに陥ることや、介護状態の進行を防ぐことができます。要介護状態を防ぐには、運動、栄養、口腔ケアはもちろん、持病のコントロールのため、薬物療法を適正に継続することが肝要なのです。

元気なうちにセルフメディケーションの意識を

健常維持期では、セルフケア、つまり「自分の健康は自分で守り、増進する」という主体的な意識を持ち、自分の体と自ら向き合い、ケアしていくことが重要です。

セルフメディケーションは、「自分自身の健康に責任を持ち、軽度な身体の不調は自分で手当てすること」。自分で市販薬を上手に利用して、健康維持や病気の予防を行うことです。市販薬に同封されている説明書には、安全で正しく使用するための情報がわかりやすく記載されています。使用前に必ず読み、内容がわかりにくいときは薬剤師に質問してください。

図表1　フレイルのモデル

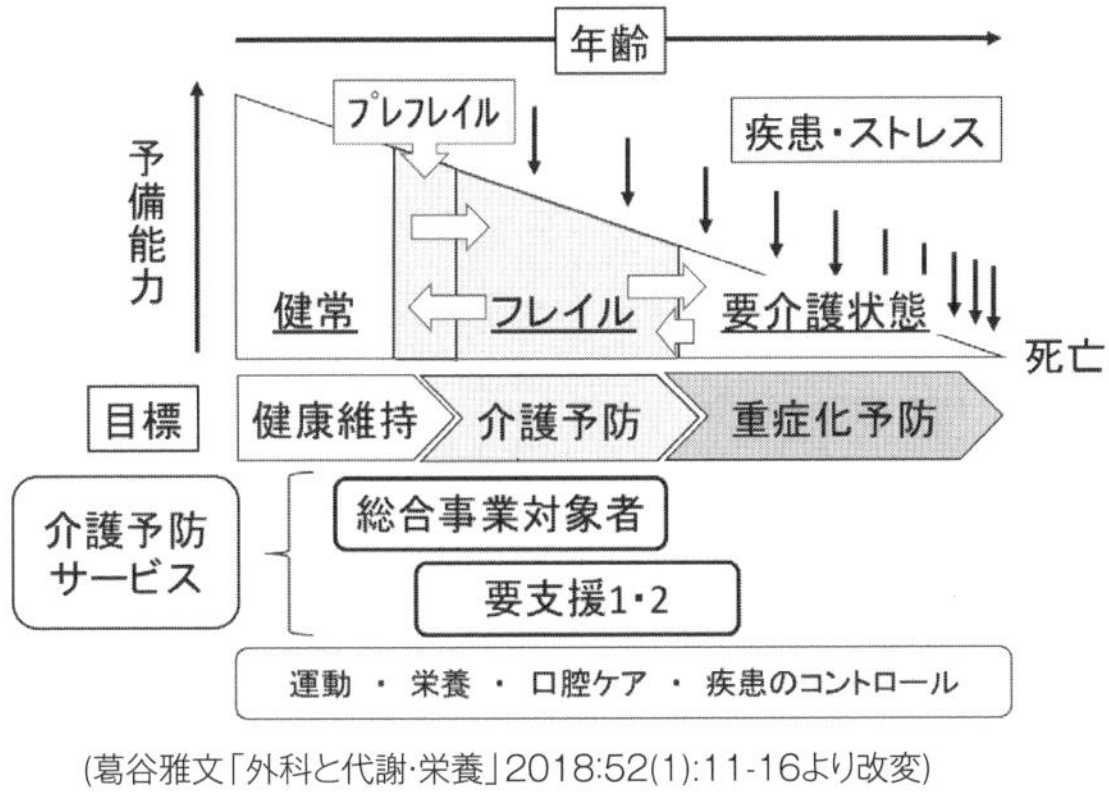

(葛谷雅文「外科と代謝・栄養」2018:52(1):11-16より改変)

セルフメディケーションを進めることで、自分自身の健康管理や病気の予防とお薬の正しい知識が身につきます。

以前は、医療従事者は「コンプライアンス」という言葉で、患者さんが医師や医療従事者の指示どおり薬を服用していたかどうか、を評価していました。最近では、「アドヒアランス」という言葉で、患者さん自身が〝積極的〟に治療方針の決定に参加し、それに従って治療を受けたか、を評価しています。

アドヒアランスは、さまざまな要因（図表2）で影響を受けます。アドヒアランスが低下して薬を飲まなくなれば、薬物療法の効果は得られません。

ご自身やご家族の薬物療法に積極的になることで、健康状態をチェックすることや、副作用を早く見つけることができるようになります。

図表2　アドヒアランスに影響を与える5つの要因と具体例

	要因	具体的な内容	対策例
①	社会的/経済的要因	薬の費用が高いので使用を控えてしまう。	ジェネリック医薬品（後発医薬品）に変更する。公的な支援制度を利用する。
②	治療に関連した要因	治療スケジュールや薬の飲み方が煩雑のため日常生活に支障を生じてしまう。	医師、薬剤師に相談して、日常生活にあわせた（シンプルな）治療内容に変更してもらう。
③	患者に関連した要因	疾患や薬に対する知識が乏しい。副作用を経験したため服薬を躊躇する。家族からの支援が得られない。	疾患や薬に対して説明を受けて、質問することで不安を減らす。医療従事者と患者・家族で治療の目標を共有する。医療・介護サービスの利用。
④	病態に関連した要因	悪心嘔吐、疼痛、便秘、疲労感などの症状があるため、薬を飲みづらい。	患者教育（症状マネジメント）を受ける。身体症状について医師、薬剤師などの医療・介護従事者に相談する。
⑤	保健医療システム、ヘルスケアの要因	医療・介護従事者がアドヒアランスの重要性を認識していない。	医療・介護従事者はアドヒアランスの重要性を理解し、職種間で情報を共有する。

（E Sabateら　WHO　2003をもとに筆者作成）

薬の副作用が老化を引き起こす？

薬の副作用の中には、食欲低下、ふらつき、転倒、認知機能障害、抑うつ、せん妄などの「老年症候群」[※1]を引き起こすものもあることを、ご存じでしょうか？年齢が上がるほど、薬の服用数が増えるほど、薬の副作用の発生が増えることも知られています。

副作用を回避するためには、漫然とくり返されている処方薬を見直すことも重要になります。自分では薬が原因と考えられなくても、日常生活に支障をきたす症状があれば、医師、薬剤師に相談することをお勧めします。

※1 **老年症候群**
加齢にともない高齢者に多くみられる、医療だけでなく介護・看護が必要な症状や徴候の総称。

薬の管理が難しく負担に感じたときには、薬剤師に相談を

薬剤師は、患者の日常生活リズムや生活環境に応じて、剤形（錠剤、水薬、散剤、座薬など）や用法・用量を、医師と協働して処方設計します。たとえば錠剤が飲みにくい患者には粉薬や水薬に、飲むことが難しい場合には外用剤に変更するなどの提案をします。

薬剤師は、前述の市販薬の使い方や副作用のことはもちろん、薬それぞれの特徴や、薬がいかに吸収され、体に行きわたり、代謝され、排せつされるかなどを把握しています。内服薬の場合、口から飲んだ薬は消化管を通り、腸で吸収され

ます。多くの薬が肝臓で代謝された後、全身にまわり、排せつされます。

しかし、錠剤が口腔内に残っている場合や、むせて服用できない場合などは、消化管に吸収されず、効果を得ることができません。薬剤師は患者が実際に服薬する場面に立ち会う機会が少ないため、薬が吸収される前の一連の行為、つまり患者が薬を識別し、取り出し、手に取って、口の中に入れて、飲み込む過程を把握することは困難です。

ですから、本人や家族が薬をきちんと飲めていないことに気づき、薬剤師を含めた医療・介護従事者に相談することが重要です。薬剤師は相談に応じて、片手でも包装から錠剤を取り出せる補助機器を紹介したり、服薬カレンダーの使用を勧めたりすることもできます。錠数が多い場合には、服用のタイミングごとに薬を一包ずつパック（一包化調剤）して、本人や介護者の負担を軽減する方法も提案できます。

お住まいの地域で、かかりつけ医と同様に、かかりつけ薬剤師・薬局を持つとよいでしょう。ご自身やご家族の疑問や相談に、いつでも（24時間）親身になって対応してくれる薬局を、患者側から選ぶという発想も大切です。

要介護状態に入ってからのお薬の管理

要支援1、2の状態では、「身の回りの動作」（歩行、自力での移動、排便など）は比較的自立して行うことができますが、「生活行為」の自立は難しくなります。

図表3　一包化調剤

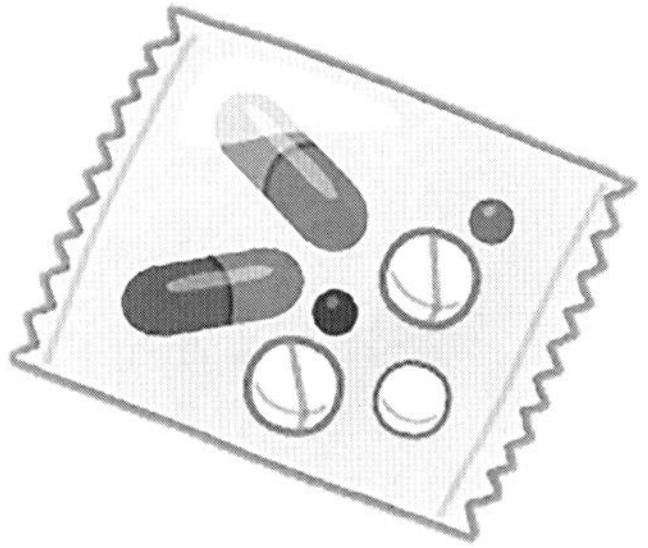

自分自身で薬を管理（服薬管理）することは、「身の回りの動作」ではなく、「生活行為」にあてはまります。「生活行為」にはほかに、簡単な調理、金銭管理、自身で買い物に行くなどが挙げられます。いずれかの生活行為が難しくなったら、服薬管理ができているか改めて確認する必要があります。

服薬管理が難しくなった場合には、ケアマネジャー（介護支援専門員）や薬剤師などの医療従事者に、遠慮せず相談しましょう。地域の医療・介護従事者に生活行為を支援してもらうことで、住み慣れた場所での療養を継続できると考えます。

これからの介護予防には、ひとりひとりの主体性がより求められる

厚生労働省は、団塊の世代（約８００万人）が75歳以上になる２０２５年を目処《めど》に、地域の包括的な支援・サービス提供体制「地域包括ケアシステム」の構築を推進しています。

その目的は、国民の健康の保持と福祉の増進を図り、

図表4　要支援1〜要介護2の認定調査結果

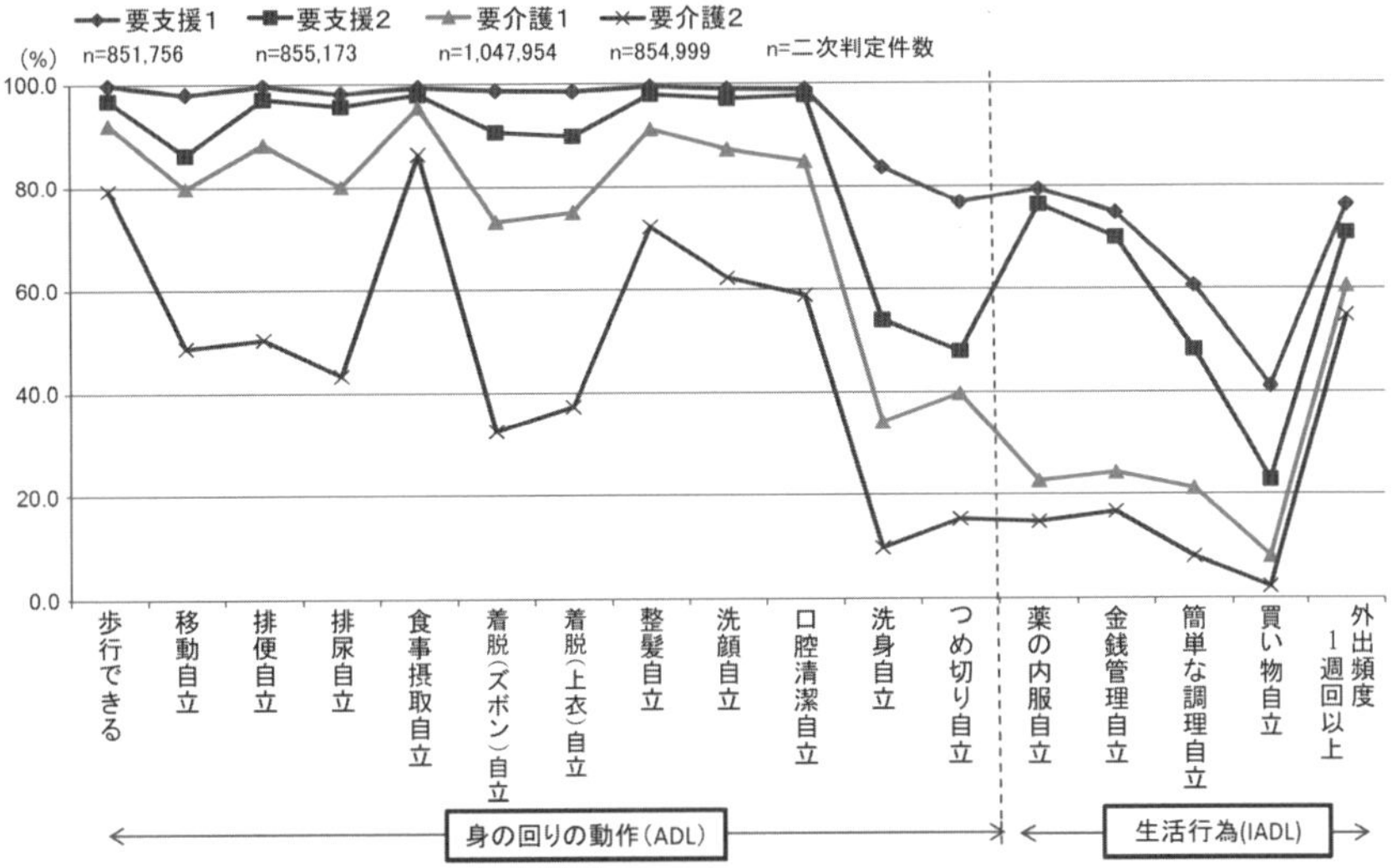

※1 「歩行できる」には、「何かにつかまればできる」を含む。
※2 平成23年度要介護認定における認定調査結果（出典：認定支援ネットワーク（平成24年2月15日集計時点））
（社会保障審議会:介護保険部会（第45回）平成25年6月6日　資料1より抜粋）

国民が生きがいを持ち、健康で安らかな生活を営むことができる地域社会をつくること。14年公布の医療介護総合確保推進法では、地域包括ケアシステムとは『地域の実情に応じて、高齢者が可能な限り、住み慣れた地域でその能力に応じた自立した日常生活を営むことができるよう、住まい・医療・介護・介護予防・生活支援が包括的に確保される体制』と定義されています。

地域包括ケアシステムでは、4つの「助」、自助・互助・共助・公助の力を連携させて、生活課題を解決していくことが求められています。しかし、今後の少子高齢化や財政状況から、共助・公助の大幅な拡充を期待することは難しく、自助・互助の果たす役割が大きくなると考えられています。

介護保険法では、『国民は、自ら要介護状態となることを予防するため、加齢に伴って生ずる心身の変化を自覚して常に健康の保持増進に努めるとともに、要介護状態となった場合においても、進んでリハビリテーションその他の適切な保健医療サービス及び福祉サービスを利用することにより、その有する能力の維持向上に努めるものとする』と明記されています。

つまり、国民一人一人が主体性を持って、介護の予防や病気の重症化を防ぐことに向き合い、努力することが、義務づけられているということです。

図表5　4つの「助」（自助・互助・共助・公助）の説明

自助	自分のことを自分（家族を含む）ですること。自らの健康管理を行うこと。市場サービスを購入すること。
互助	住民や隣人同士が互いに支えあうこと。費用負担はない。インフォーマルな相互扶助。
共助	介護保険に代表される社会保険制度及びサービス。
公助	税による公の負担。自助、互助、共助で対応できない場合に利用される社会福祉。

持病のある場合は、お薬の継続という観点からも大規模災害に備える

「災害は忘れた頃にやってくる」といわれていましたが、最近は忘れる前に大規模災害が起こっています。避難所生活になると、生活環境が一変し、多くの精神的・身体的ストレスを受けます。慢性疾患（高血圧、糖尿病、脳心疾患なども含めて）の管理も継続しづらくなります。

万が一、長期の避難所生活になった場合に備えて、飲料水や食品の備蓄だけでなく、ご自身やご家族の薬物療法が継続できるような準備も大切です。普段から、かかりつけ医やかかりつけ薬剤師と相談のうえ、水も含めて7日間分のストック確保が望ましく、特殊な薬剤を使用している場合は、10日以上の予備を検討してほしいと思います。ご自身の薬物療法に主体的になり、アドヒアランスを高めておくことは、災害に対する備えにもなります。

東日本大震災などの大規模災害時は、お薬手帳や薬袋などを薬局で提示すれば、被災者は特例で、処方箋や医師の診察がなくても、慢性疾患に関わる継続薬を受け取ることができました。避難所の代表の方が、10名以上の継続薬を求めに、災害拠点病院に来られたこともありました。

携帯電話やスマートフォンなどに写真や薬の情報を記録される方もいますが、

大規模な災害時には電源を喪失してしまう危険性があります。やはり、薬の内容を他人にうまく伝えるためには、お薬手帳の所持と、ご自身やご家族が使用している薬剤名を覚えておくことが望ましいと考えます。

最近は処方箋が一般名処方になり、ジェネリック医薬品が増えてきました。薬の名前を覚えることを難しく感じている方は、先発品の薬剤名でも構わないので、覚えておくとよいでしょう。

大規模災害時に対する備えや、避難所でのマニュアルは、日本老年医学会や国立がん研究センターのホームページに記載されています。ご病気のある方は、災害支援に来た医療従事者や保健師になるべく早く伝えるようにしましょう。

地域の助け合いは個人個人のセルフケアから

地域の防災訓練に参加すると、災害時の「自助」を考えるきっかけになるだけでなく、地域の人を助ける「互助」ができるかもしれません。逆に、まわりの人たちの援助も得られやすくなるかもしれません。

普段から地域住民とつながりを持つことは、地域からの孤立や引きこもりを防ぐだけでなく、日常生活の活動量が増え、フレイルの予防にもなります。

筆者が医療系学生の実習に同行し、地域の高齢者サロンに参加した経験では、ボランティア活動をされている高齢者の方は、ご自身のセルフケアができたうえで、友人や地域住民を支援されていました。リロンの参加者も、集まりを定期的に重ねると、参加者同士の体調を気遣い、何気ない会話で孤立感を払拭するようになっていました。

家族と離れ、独居で暮らす場合も、親しい友人同士の支え合いを大事にすれば、互いの健康や体調を確かめ合うことができると思います。誰かが何か、身体的な症状があるのに医療機関に行くことを躊躇《ちゅうちょ》しているような場合にも、受診を勧めてあげることができます。

セルフケア（自助）ができる人が増えていくと、地域に余力が生まれ、少ない労力で「互助」できるようになるでしょう。「互助」は地域住民の孤立を防ぎ、個々人にとっては生きがいや健康意識の向上にもつながって、介護とフレイルの予防に貢献できると思います。

フレイルが危ぶまれるときは、自治体の介護予防サービスを

自治体の地域包括支援センターなどで、ご自身やご家族がフレイルや前段階のプレフレイルといわれ、「介護予防サービス（介護予防・日常生活支援総合事業）」を勧められた場合には、積極的な参加をお勧めします。

地域包括支援センターでは、お住まいの地域で利用可能な介護予防サービスを把握しており、ご本人の目的や希望に沿ったサービスと事業所を紹介してくれま

す。多くの事業所で体験・見学会を実施しているので、事前にプログラムの内容や雰囲気を確かめるとよいでしょう。

名古屋市では、フレイルや介護のリスクが高いと判断された方（総合事業対象者、要支援1・2）を対象に、訪問サービス、通所サービス、生活支援サービスを策定しております。

通所サービスには、「運動型通所サービス」と「ミニデイ型通所サービス」があり、原則6カ月間、週1回利用できます。運動型通所サービスでは、転倒予防や足腰の筋力保持のための運動や体操を、事業所独自のプログラムで行います。ミニデイ型通所サービスでは、運動、栄養、口腔ケアを効果的に組み込んだ複合プログラム「なごや介護予防・認知症予防プログラム」を運用しています。

名市大は、これら名古屋市の通所サービスの効果を検証しました。介護予防サービスは、自然経過でもある老化の進行による、フレイルへの進展を抑える効果があると考えております。ただし、病気の進行や体調不良のために、通所サービスを休まれる利用者が少なからずいることもわかりました。定期的なサービスを受けることができないと、サービスの効果が得られない恐れがありますので、持病のコントロールを行い、できるだけ継続して通われることをお勧めします。

コラム
Column
1

正しくパッドを使って快適な日常を

看護学研究科教授　窪田 泰江

おむつフィッターによる実演

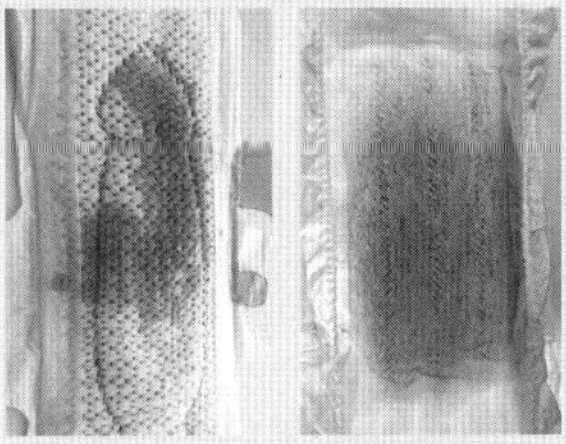
生理用ナプキン（左）と尿専用パッドとでは水の吸収力が違う

私は市民向けの講演をするとき、聴講者を退屈させないように、実演を合間に入れる工夫をしています。私の専門は排尿に関すること。女性を対象にした講演では特に、尿失禁の話がよく出ますので、尿専用パッドと生理用パッドの違いや、軽失禁用パンツ（消臭機能つき）などを実際に見てもらっています。

おむつフィッターさん（患者さんに合ったおむつを選択するだけではなく、排せつケアについて幅広い視点からアドバイスできる専門家。資格試験あり）に手伝いに来てもらい、実際に最新のおむつを体感してもらったこともあります。介護者からの、おむつの選び方についての相談に応えるなど、有意義な時間を過ごしていました。

しかし、新型コロナの影響で、今年度は多くの講演会が中止になってしまいました。今でこそテレビCMでも尿専用パッドをよくみかけるようになりましたが、未だにパッドの上にティッシュを乗せて着用している患者さんもいます。デリケートゾーンの皮膚を守るためにも、パッドを適切に使用し、安心して日常生活を送っていただきたいものです。

出産回数（経腟での）が多いほど、腹圧による尿失禁のリスクは高くなりますが、今のように優れたパッドがなかった昔はどうしていたのでしょうね？今ほど寿命が長くなかった、ということもあるでしょう。

かく言う私も5人の子を持つ母。かなりハイリスクです。尿失禁予防のため、骨盤底筋体操に励まないといけませんね！

食物アレルギーの今とこれから

医学研究科新生児・小児医学　助教
野村 孝泰

最近、食物アレルギーへの注目が高まっています。子どものアレルギー発症は予防できるのか、診断や治療はどうなっているのか、新しい研究報告例をまじえて解説します。

やっと注目され始めた食物アレルギー

ここ15年ほどで、食物アレルギーを取り巻く環境が急激に変化しています。加工食品に含まれるアレルギー物質の表示が義務化され、幼稚園、保育園や学校の給食でも、食物アレルギーへの対策やアドレナリンの自己注射などの対応がとられるようになりました。家庭や社会で求められる対応が高度化し、人々の関心が高まっているといえます。

その一方で、アトピー性皮膚炎や気管支ぜんそく、アレルギー性鼻炎に比べると、食物アレルギーはひと足遅れて社会に登場した感があります。まだ十分に明らかになっていないことも多く、医療現場も含め、あちこちで混乱が生じています。

実は、食物アレルギーの概要や診断方法について専門家の意見がまとまったのは、ごく最近のことです。予防や治療の方法も、ようやくくわしく検討されるようになりました。

それもそのはず、アトピー性皮膚炎や食物アレルギー、気管支ぜんそく、アレルギー性鼻炎などのアレルギー疾患を持つ人の割合は、20世紀はじめにはわずか0・3％だったのです。それが20世紀中頃に3％にまで上昇し、今では30％。食物アレルギーに限定すれば、日本では乳児の約10％、3歳児の約5％、小学生以上の子ども1・3～4・5％で発症がみられます。

では食物アレルギーについて今何がわかっているのか、今後はどうなるのか、解説していきたいと思います。

本邦における食物アレルギーに対する社会対応の変遷

02年　加工食品に含まれるアレルギー表示義務化
05年　エピペン®の食物アレルギーの適応追加
09年　救急救命士によるエピペン使用開始

食物アレルギーの種類

食物アレルギーを持つ人は、食べ物に対し強い免疫反応を起こします。免疫は体に入った異物を排除する正常な体の仕組みですが、アレルギーではこれが過剰に働いてしまいます。食中毒や乳糖不耐症は食物アレルギーに含まれません。

食物アレルギーがどのような病気か、日本で初めて専門家の意見がまとまったのは２００４年。日本小児アレルギー学会が中心となって、医療関係者向けに『食物アレルギー診療ガイドライン２００５』を発表しました。何度か改訂がくり返され、20年現在は、18年発表の最新のガイドラインに基づき、診療が行われています。

食物アレルギーは、いくつかの型に分かれます（図表1）。よくみられるのは、アトピー性皮膚炎の子に併発するものと、「即時型症状」のものです。

アトピー性皮膚炎の乳児の40〜90％に、卵・牛乳・小麦などの食物アレルギーがあります。食物アレルギーのない子もいることや、食べた数日後に悪化するので原因の特定が難しい場合があり、診断は慎重に行います。

即時型症状の食物アレルギーは、多くが原因の食べ物を食べてから2時間以内に症状が出ます。原因は年齢によって異なり、乳幼児では、卵・牛乳・小麦が、小学生以上は小麦・えび・かに・魚・果物・そば・ピーナッツが原因となることが多いタイプです。

図表1　食物アレルギーの分類

臨床型		発症年齢	頻度の高い食物	耐性獲得（寛解）	アナフィラキシーショックの可能性	食物アレルギーの機序
新生児・乳児消化管アレルギー		新生児期 乳児期	牛乳（乳児用調製粉乳）	多くは寛解	（±）	主に 非IgE依存性
食物アレルギーの関与する乳児アトピー性皮膚炎		乳児期	鶏卵、牛乳、小麦、大豆など	多くは寛解	（＋）	主に IgE依存性
即時型症状 （蕁麻疹、アナフィラキシーなど）		乳児期〜 成人期	乳児〜幼児： 鶏卵、牛乳、小麦、そば、魚類、ピーナッツなど 学童〜成人： 甲殻類、魚類、小麦、果物類、そば、ピーナッツなど	鶏卵、牛乳、小麦、大豆などは寛解しやすい その他は寛解しにくい	（＋＋）	IgE依存性
特殊型	食物依存性運動誘発アナフィラキシー （FDEIA）	学童期〜 成人期	小麦、エビ、果物など	寛解しにくい	（＋＋＋）	IgE依存性
特殊型	口腔アレルギー症候群 （OAS）	幼児期〜 成人期	果物・野菜など	寛解しにくい	（±）	IgE依存性

（「食物アレルギーの診療の手引き2017」より引用）

食物アレルギーの調べ方

食物アレルギーは、症状のくわしい経過や「食物日誌」、血液検査（抗原特異的IgE値）、皮膚検査※1（プリックテスト）などから診断します。最終的には、実際に食べて様子を観察する「経口負荷試験」※2で判定します。

食物日誌とは、アレルギー専門のクリニックや病院で配布しているノートで、食事のメニューや皮膚の状態などを記入できるようになっています。食べ物とアトピー性皮膚炎との関係を調べるときにも役立ちます。

血液検査で調べるIg（イムノグロブリン）Eは、人によって血液中に持つ種類や量が違います。ひとつの種類のIgEは、ひとつの抗原（アレルギーの原因物質）に反応します。これを特異的反応といいます。

検査でIgEの値が高く出るということは、その人の血液がその食べ物に対して反応する（感作がある）ということ。ただし免疫の仕組みは複雑で、食べれば必ず症状が出る、というわけではありません。

そこで、食べ物の種類によっては、「プロバビリティカーブ」という図を用いて、アレルギー症状が出る可能性を調べます。図表2は牛乳の例です。血液検査で反応が3・0UA／mlの場合、1歳未満の子どもで症状が出る可能性は約90％、1歳では約50％、2歳以上では約30％と判断できます。ただし、これを読み解く

※1　プリックテスト
少量のアレルゲンを皮膚に入れ、腫れの大きさを観察する検査。

※2　経口負荷試験
アレルギーが確定しているか、もしくは疑われる食品を単回または複数回に分割して摂取させ、誘発症状の有無を確認する検査。

図表2　プロバビリティカーブ

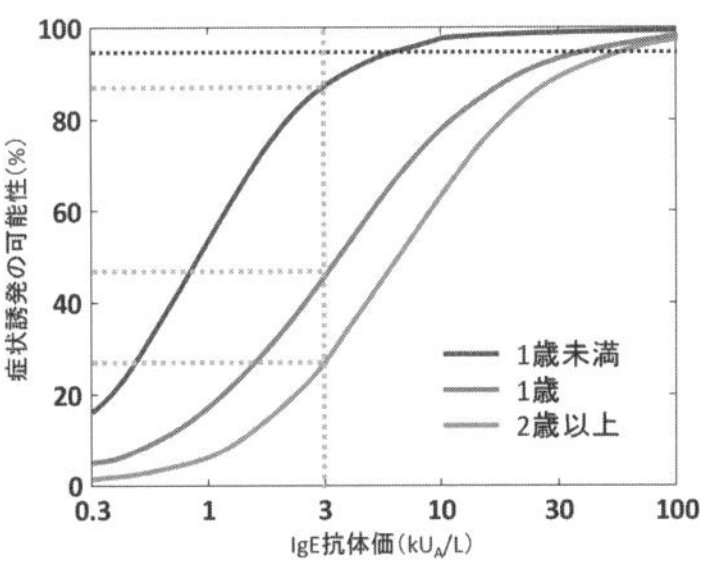

（「食物アレルギーの診療の手引き2017」より引用）

には専門的な知識が必要で、個々の症例に対して、医師の判断が求められます。

皮膚検査では、15分程度でアレルギー反応の状態を知ることができます。最後は経口負荷試験です。症状に対して微妙な判断が必要であること、重篤な症状が出る可能性があることから、設備の十分整った、経験のある施設で行います。試験ではアレルギーが疑われる食べ物を、最初は少量から、一定の間隔をあけて徐々に量を増やしながら、目的の量まで食べてもらいます。症状が出たら中止し、適切な治療を施します。

本来は食物アレルギーであるかどうか、または治ったかを確認するための試験でしたが、最近はどの程度まで食べて大丈夫なのかを判断するためにも行います。ある程度の量が自宅でも安全に食べられると判断したときには、アレルゲン除去食を一部やめることができます。

アレルギーを起こしてしまったら

気をつけて原因の食べ物を除去していても、間違いは起こり得ます。ピーナッツバター入りのサンドイッチを食べた後、恋人にキスをしたら、相手がピーナッツアレルギーで死んでしまったという恐ろしい話があります。食物アレルギーが原因での死亡は、日本では年に数名が報告されますが、米国では100人にものぼります。

日本ではアレルギー物質の表示が２００２年から義務づけられ、卵・牛乳・小麦・えび・かに・そば・落花生（ピーナッツ）が現在対象となっていますが、表示が必要とされるのは、容器包装された加工食品のみ。店頭に並ぶお惣菜や外食は対象外のため、注意が必要です。

また、食品に熱を加えるなど加工した場合、アレルギー性が低下して、食べられるようになることもあります。患者さん自身が栄養指導でそれを知っておくことも重要ですし、とりまく社会にも適切な知識が求められます。

では、アレルギーが起きてしまったら、どうすればよいのでしょうか？

即時型症状の食物アレルギーでは、誤って食べてしまうと、皮膚症状（じんましん）、呼吸器症状（咳やのどがヒューヒュー、ゼイゼイいう）、消化器症状（腹痛や嘔吐《おうと》、下痢）などが起こります。

軽い症状なら、経過観察や薬を飲んで抑えることで済みますが、複数の症状が全身で同時に起こる「アナフィラキシー」の場合は要注意。特に血圧低下などのショック症状を伴う重篤な場合を「アナフィラキシーショック」といい、いずれも速やかな対応が必要です。

２００５年に日本でも、食物アレルギーに対して、アドレナリンの自己注射（エピペン®）を使用することが認められました。重篤な症状が出たときには、使用が勧められます。

図表3　加工食品のアレルギー表示

特定原材料 (表示義務、7品目)	卵、乳、小麦、えび、かに、そば、落花生
特定原材料に準ずるもの (表示推奨、21品目)	あわび、いか、いくら、オレンジ、 カシューナッツ、キウイフルーツ、 牛肉、くるみ、ごま、さけ、さば、大豆、 鶏肉、バナナ、豚肉、まつたけ、もも、 やまいも、りんご、ゼラチン、アーモンド

乳児期に発症した卵・牛乳・小麦などのアレルギーは、小学生になる頃までに自然に治ることが多いといわれています。

えび・かに・魚・そば・ピーナッツのアレルギーは治りにくいとされていて、小児期に発症したピーナッツアレルギーが大人になって治るのは20％程度といわれています。

一方で、アレルギーを恐れて必要以上に食べ物を除去することは、栄養バランスの乱れや、治癒の遅れにつながる可能性もあります。食物アレルギーの状態は、定期的に見直す必要があります。

ここ数年、より積極的な治療が試みられるようになりました。

「経口免疫療法」というもので、症状の出る食べ物を少しずつ食べることで、徐々に体を慣らしていく方法です。問題

図表3　アレルギー症状と対応

5分ごとに症状チェック

全身の症状	□ぐったり □意識もうろう □尿や便を漏らす □脈を触れにくい、または不規則 □唇や爪が青白い		
呼吸器の症状	□のどや胸が絞め付けられる □声がかすれる □犬が吠えるような咳 □息がしにくい □持続する強い咳き込み □ゼーゼーする呼吸	□数回の軽い咳	
消化器の症状	□持続する強い（がまんできない）おなかの痛み □繰り返し吐き続ける	□中等度のおなかの痛み □1～2回のおう吐 □1～2回の下痢	□軽いおなかの痛み（がまんできる） □吐き気
目・口・鼻・顔面の症状	上記の症状が1つでもあてはまる場合	□顔全体の腫れ □まぶたの腫れ	□目のかゆみ、充血 □口の中の違和感、唇の腫れ □くしゃみ、鼻水、鼻づまり
皮膚の症状		□強いかゆみ □全身に広がるじんま疹 □全身が真っ赤	□軽度のかゆみ □数個のじんま疹 □部分的な赤み
		1つでもあてはまる場合	1つでもあてはまる場合
	❶エピペン®使用 ❷救急車要請 ❸ショック体位 ❹心肺停止？→蘇生開始	❶保健室へ運ぶ（歩かせない） ❷緊急時薬使用 ❸エピペン®準備 ❹医療機関へ（救急車考慮）	❶保健室で経過観察 ❷緊急時薬使用 ❸保護者に連絡

（名古屋市のアレルギー緊急対応マニュアルより引用）

点は、治療中に症状が出る危険性が少なからずあること、長期的な効果がわからないことです。現在は限られた施設での臨床研究に留まっていますが、重症な食物アレルギーも治ることがあり、今後の発展が期待されます。

食物アレルギーの発症は防げるのか

食物アレルギーは、体質、消化や免疫が未熟であること、食べ物の性質、衛生環境などさまざまな要因が重なって発症すると考えられています。

アレルギー体質はある程度遺伝しますが、食物アレルギーそのものは強く遺伝しません（ただし、一卵性双生児の6割がピーナッツアレルギーをともに発症したという研究報告もあります）。

妊娠中のお母さんが卵や牛乳の摂取を避けても、赤ちゃんのアレルギー発症を防ぐことはできないので、妊娠中の食事制限はお勧めできません。

母乳にはお母さんの食べたものがごく少量分泌されることがありますが、赤ちゃんが食物アレルギーを発症する前に母親が食事制限をしても、やはりアレルギーを防ぐことにはなりません。赤ちゃんがすでに食物アレルギーを発症していて、原因が特定できている場合にだけ、母親の食事制限をすることがありますが、そのようなことは多くはありません。

ピーナッツの摂取を遅らせると、かえってピーナッツアレルギーの発症が増えたという報告もあります。その後の一連の研究により、乳児期の適切な時期に食べることで、ピーナッツアレルギーの発症を防ぐ、と報告されました。

したがって、離乳食の開始を必要以上に遅らせることも勧められません。むしろ積極的に食べさせることを、提案されるようになってきています。

食物アレルギーを防ぐ方法はまだ模索の段階で、現時点では、バランスのよい食生活を心がけることが一番、とお伝えするしかありません。より積極的な予防方法については、今後の研究に期待しましょう。

なぜ食物アレルギーは急激に増えた？

人類の600万年の歴史から考えると、ここ100年ほどのアレルギー疾患の増加はあまりにも急激といえます。

遺伝子にこれほど急速な変化が起こるとは考えにくく、食文化や生活環境の変化が大きな影響を与えていると考えられています。

文明の発達とともに衛生環境が改善したことで、人類が感染症への抵抗力を失い、免疫がアレルギー体質に向かっているという説（衛生仮説）[※3]があります。アレルギー疾患が急激に増加している状況を見ると、うなずけるものです。

食物アレルギーについては特に、〝食べる〟という、生物にとって根本的な営みが脅かされているといえるでしょう。

※3　衛生仮説
1989年にStrahanにより提唱された仮説。英国人1万7414人を対象とした疫学調査で、アレルギー疾患の発症が、兄や姉が多い末の子どもほど少ないことを発見し、生育時に一緒に育つ子どもが持ち込む感染源にどれだけ暴露されるかの違いであると考えた。
乳幼児期までの感染や非衛生的環境におかれたことが、その後のアレルギー疾患の発症を低下させると考えられ、免疫機序について研究が続いている。

われわれ人類は、過去に地球に蓄積された莫大なエネルギーを用いて、文明社会を営んでいます。その結果、過去に類を見ないほど急激に地球環境を変化させてきました。アレルギーの増加は、母なる地球からの警告なのかもしれません。

野村先生の

アレルギー知っ得コラム

離乳食初期から卵を食べるとアレルギーになりにくい?

ピーナッツアレルギーを発症した人には、生後6カ月以内にピーナッツを含む化粧品の使用が多かったことが、2003年の研究で報告されました。また、ピーナッツアレルギーになった子どもは、家族のピーナッツの消費量が多い、という別の調査結果から、環境中のピーナッツがアレルギー発症に関与するのでは、と考えられました。

一方で、イギリスに住むユダヤ人はイスラエルに住むユダヤ人よりもピーナッツアレルギーの発症数が10倍多く、1歳までに摂取するピーナッツの量はイスラエルに住む人の方が多いという報告があります。

つまり、アレルゲンに皮膚がさらされるとアレルギーになりやすく、腸がさらされるとアレルギーになりにくいと考えられます。

2015年になり、乳児期からピーナッツを食べることで、ピーナッツアレルギーの発症を予防する、臨床研究の成果が報告されています。その後、卵でも同じように予防できることが、日本の研究で示されました。しかし、注意すべきことも多い予防方法ですので、家庭での摂取については、最新の情報を含めた専門医の指示に従ってください。

食べて運動をすると、食物アレルギーが出る？

パンを食べるだけでは何ともない。運動だけでも、特に問題は起こらない。しかし、パンを食べて運動すると、アレルギー症状が出る一。

こんな症状を「食物依存性運動誘発アナフィラキシー」と呼びます。特殊な食物アレルギーで、病気を疑うことや診断することが難しく、注意が必要です。中学生、高校生に多いアレルギーです。

原因となる食べ物は、小麦、えび、かにが多く、大体食べて2時間以内に運動をしたときに、症状が現れます。その仕組みは調査中で、激しい運動で、腸管からの食物吸収が増えることが一因と考えられています。

小麦と梅干を食べて運動したときにだけ、アレルギーの症状が出る症例も報告されていて、食物アレルギーにはまだまだ多くの謎が残されています。

せっけんによる食物アレルギー？

2009年頃から、それまであまり見られなかったアレルギー症状を起こす成人女性の報告がされるようになりました。

まぶたが腫れたり、顔にじんましんがでたりと、主に顔に出るアレルギーです。せっけんで顔を洗ったとき、運動をしたときに出るという人や、中には小麦を食べたときにも同様の症状が起こる人がいます。詳しく調べたところ、ある特定のせっけんが共通して使用されていること、その製品に含まれる加水分解小麦が原因なことがわかりました。

食物アレルギーの患者が原因の食べ物に触れたときに、その部分の皮膚が赤くなったり、じんましんを起こしたりすることは知られていましたが、皮膚への接触がきっかけで摂食による食物アレルギーを発症する例は初めてでした。日本を舞台にしたこの問題で、皮膚を介した食物アレルギーの発症の仕組みが、世界的に注目されるようになりました。

赤ちゃんの出生前診断

医学研究科産科婦人科学　病院教授
鈴森 伸宏

出生前診断は、日本でも一般的な診療になってきました。妊婦さんの心理的・身体的な負担を減らすことのできるこの技術が、医療・生命倫理的な観点に向き合いつつ、拡充されることが望まれます。

出生前診断のニーズが高まる背景

2011年8月、「血液でダウン症検査」との新聞報道で、新型出生前診断（NIPT）[※1]が大きな話題となりました。妊娠中の赤ちゃんに病気や異常がないかを調べる「出生前診断」の技術は進歩し、正確な診断が早期にできるようになりつつあります。

妊婦さんを取り巻く環境は千差万別です。出産前にできるだけ赤ちゃんの健康状態を知っておきたいという人もいれば、どんな赤ちゃんでも受け入れて育てよ

※1　NIPT
Non-invasive prenatal genetic testing（無侵襲的出生前遺伝学的検査）の略。

うという人、周囲からあれこれ言われて自分の意思で決断することができない人…さまざまな状況があります。いずれにせよ妊婦さんの多くが、これから始まるお産、授乳、育児、そして復帰後の仕事などに心配ごとを抱えています。

高年妊娠[※2]の場合は特に、年齢的なことから、健康な子どもを持てるのか漠然とした不安を抱えがちです。「わかることは何でも知りたいが、インターネットを見ると、不安が募る」という人が少なくありません。高年妊娠は欧米でも日本でも年々増加しており、日本では妊娠の約25％を占めています。

「出生前診断」のニーズは今、高まっているといえるでしょう。どんな診断が行われ、どのような問題があるのか、くわしく見ていきます。

出生前診断の手法

妊婦さん本人が特に出生前診断を希望していない場合、医師は通常の妊婦健診[※3]で経過をみます。

妊婦健診では、赤ちゃんの体の様子や推定体重を調べるために、超音波検査を行います。その際、口唇裂《こうしんれつ》、無頭蓋症《むずがいしょう》、水頭症、心疾患、ヘルニア、腎尿路異常などの病気が不意に見つかることがあります。現在は超音波画像の精度が向上し、異常をより見つけやすくなっています。

赤ちゃんに首のむくみ、発育不全や形態異常などが見つかった場合は、出生前診断ができる専門の施設を紹介されます。

※2　高年妊娠
出産時に35歳以上の妊婦さんについていう。国内外で、近年増加傾向であり、日本では近いうちに30％を超えると予想される。

※3　妊婦健診
妊娠初期〜中期には2〜4週間ごと、妊娠36週以降では1週間ごとの、母児のための健診。

一方、赤ちゃんのスクリーニング検査として、妊婦さんが出生前診断を希望する場合は、妊娠初期の段階で「遺伝カウンセリング」を行います。

そこで選択肢として示される検査は、大きく2種類に分かれます。「超音波マーカー検査」、「母体血清マーカー検査」、「新型出生前診断（NIPT）」は「非確定検査」と呼ばれ、リスクのない検査です。

「羊水検査」、「絨毛《じゅうもう》検査」は「確定検査」と呼ばれます。腹部に針を刺すなどして細胞などを採取するため、母体へのリスクや流産、破水の可能性もありますが、検査の技術や安全性は向上してきています。

遺伝カウンセリングは、自分で選択ができるようお手伝いするためのもの

出生前診断は、医師、遺伝カウンセラー、看護職者、遺伝子解析技術者などがチームとなって情報を共有し、対応しています。

重要なのは、妊婦さんとその家族が、自分で意思を決め、倫理的な判断をすることです。そのうえでさまざまな専門スタッフや支援施設が連携し、心理的・身体的、両側面からの支援を行っていきます。

遺伝カウンセリングでは、診断方法の選択肢を提示するだけではなく、遺伝に関する悩みや不安、疑問に対して、正確な医学的・社会的情報をわかりやすくお伝えし、理解していただけるようお手伝いいたします。

図表1

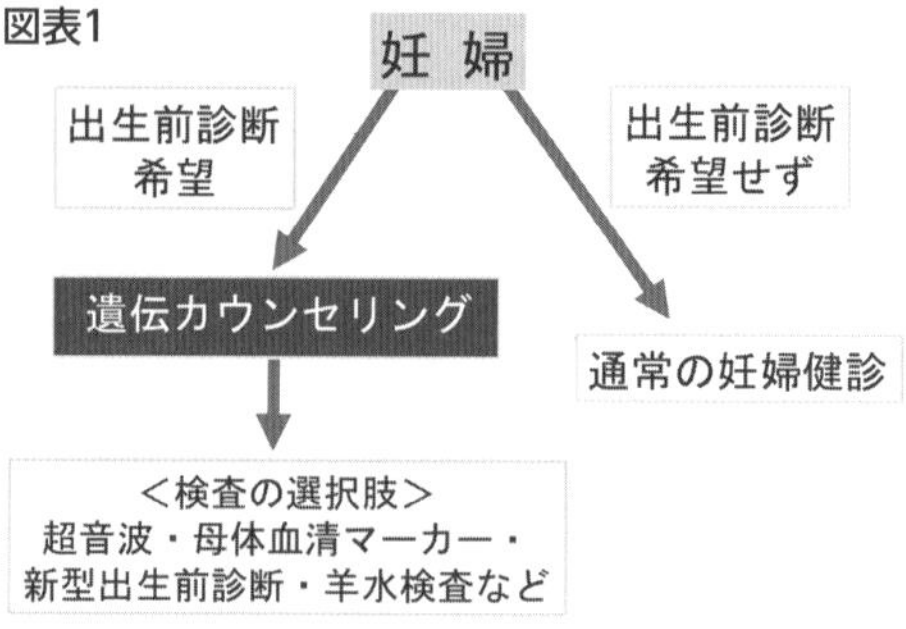

具体的にはまず、出生前診断のメリットとデメリット、検査の精度とその限界やリスク、結果としてどんなことが予想されるか、中絶を選ぶ可能性があるかどうかなどを相談します。ダウン症候群の子どもがどのような生活をしているかなど、胎児が持っている可能性のある病気の診療、支援体制、社会環境についてもお話しします。

出生前診断を含め、ゲノム医療では検査の質の保証、差別の防止、個人の遺伝情報の管理、そして遺伝カウンセリング体制の整備を重視しています。

出生前診断には特に、医学的、社会的、倫理的に留意すべき多くの課題があります。そこで、２０１１年、日本医学会は、出生前診断を行う場合は適切な遺伝カウンセリングを実施し、日本産科婦人科学会の指針に基づいて検査・診断を行うよう勧告しています。

医療者は遺伝カウンセリングの際、出生前診断をするべきかどうか、妊娠を継続するべきかなど、特定の方針を選ばせてはいけないことになっています。あくまでも非指示的に、すべての選択肢を中立的に提示し、患者さんがどのような決定をしても、それに対するサポートをします。

<table>
<tr><th></th><th>超音波
マーカー検査</th><th>母体血清
マーカー検査</th><th>新型出生前診断
(NIPT)</th><th>絨毛検査</th><th>羊水検査</th></tr>
<tr><td></td><td colspan="3">非確定的検査</td><td colspan="2">確定検査</td></tr>
<tr><td>実施時期</td><td>11-13週</td><td>15-18週</td><td>10-22週</td><td>11-14週</td><td>15週以降</td></tr>
<tr><td>対象疾患</td><td>ダウン症候群
18/13トリソミー</td><td>ダウン症候群
18トリソミー
開放性二分脊椎</td><td>ダウン症候群
18/13トリソミー</td><td>染色体疾患全般
(感度99.1%)</td><td>染色体疾患全般
(感度99.7%)</td></tr>
<tr><td>ダウン
症感度</td><td>80-85%</td><td>80-85%</td><td>97%</td><td>99.9%</td><td>99.9%</td></tr>
<tr><td>リスク</td><td>なし</td><td>なし</td><td>なし</td><td>流産率約1%</td><td>流産率約0.3%</td></tr>
<tr><td>特徴</td><td colspan="2">ダウン症候群の
80%以上を検出</td><td>ダウン症の
検出率が高く
偽陰性が少ない
(0.1%以下)
妊娠9~10週
から可能</td><td>早期から
診断可能</td><td>妊娠15週以降</td></tr>
<tr><td rowspan="2">限界</td><td colspan="2" rowspan="2">偽陽性率が高い
(5%程度)</td><td rowspan="2">羊水検査でわかる
染色体疾患の
2/3程度の
異常しか
検出できない</td><td colspan="2">侵襲性(腹部に穿刺)
流産・破水・出血・母体損傷などの
副作用リスク</td></tr>
<tr><td>胎盤性モザイクの
検出</td><td></td></tr>
<tr><td>検査費用</td><td>2万円</td><td>2万円</td><td>12万円~20万円</td><td>10万円~</td><td>8万円~</td></tr>
</table>

出生前診断と医療・生命倫理

出生前診断は、妊婦さんとその家族の「自己責任・自己決定」を尊重して行いますが、それを受け入れる社会との間で、対立が生まれることもあります。たとえば、障がい者に対する差別を助長する可能性がよく指摘されます。

医療者の側からいえば、医療倫理の4原則「善行・無危害・自立尊重・正義」のうち、「自立尊重」と「正義」の間で対立が起こる、というわけです。また、検査を受ける側は、人や社会の多様性を受け入れていくことが大切になります。

一方、検査を受ける側の両親だけではなく、赤ちゃんの立場も考える必要があります。

日本では、妊娠前半期に赤ちゃんの異常が診断されたとしても、中絶は胎児の適応ではできないことになっており、母体適応において考慮される母体保護法では、妊娠21週までとされています。また、出生前診断の技術が向上しているとはいえ、診断の結果は確定的でないものが多く、妊娠前半期までに確定診断できる赤ちゃんの病気は限られています。

また、望んだ妊娠が一瞬にして望まない妊娠となったとき、命と向き合う夫婦をどのように支援するのか、医療者も考えなければなりません。35歳を過ぎてから初めて妊娠した妊婦さんが、ふとしたことから出生前検査について知り、安心

図表2　倫理理論と医療倫理の原則

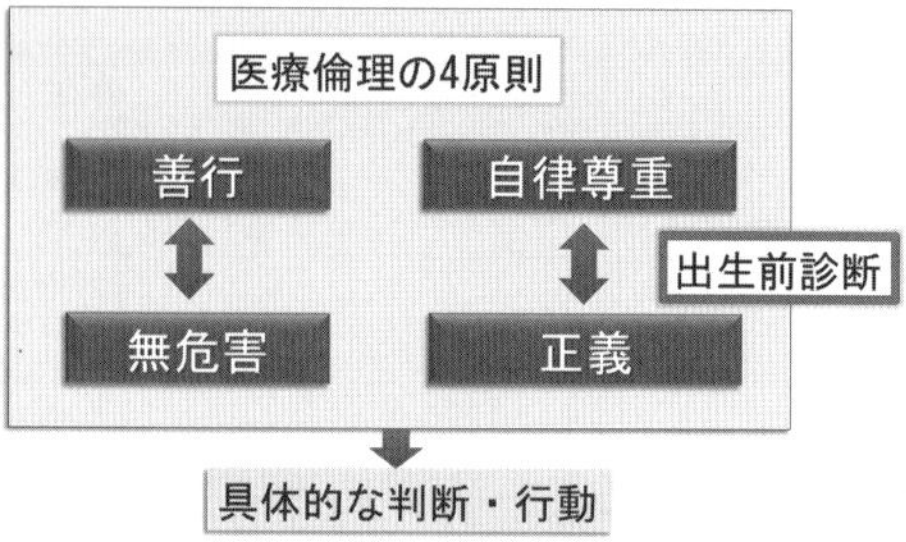

のために受けた検査で、想定外にも赤ちゃんの染色体異常が妊娠初期に見つかる、ということは少なくありません。妊娠を続けるかどうかの判断を短期間で迫られること、自分だけでは決められないこと、自分・夫の両親や親戚にどのように話せばよいのか、地域や職場での対応をどのようにしようかなど、妊婦さんはさまざまな心理・社会的なストレスを抱えることになります。

同じ病気でも、妊娠何週目で確定診断できたかによって、対応が変わります。「もっと早い段階で診断できたのではないか」とつらい気持ちを抱える妊婦さんに、いかに配慮し適切で慎重な対応ができるかが、医療者に問われます。

重篤な先天性疾患児を出産した場合には、次回の妊娠に備えて、生まれた赤ちゃんをくわしく検査することがあります。先天的な病気によっては、ある程度の確率で遺伝する場合があるからです。両親と赤ちゃんの三者の検査により、次の子どもの再発リスクを推定し、出生前診断を行うケースもあります。

たとえば、子どもに重篤な遺伝性疾患、さらにご夫婦の染色体や遺伝子が原因で起きる遺伝病（4分の1の確率で起きるなど）が見つかる場合です。これは、妊娠してから、絨毛や羊水を採取し、胎児成分からDNAを抽出して遺伝子解析することで、赤ちゃんが罹患児かどうか調べることができます。

昨今では、生殖補助医療や遺伝子解析技術の進歩によって、妊娠前の受精卵において染色体や遺伝子を調べる着床前診断も進んでいます。生命倫理に関わるこの診断技術は専門性が高く、受精卵の取り扱いについて、法的規制を含めてどのように倫理的な問題に歯止めをかけるのか、などの課題があります。

新型出生前診断（ＮＩＰＴ）とは

２０１１年に話題になったＮＩＰＴですが、名市大病院でも13年から認定登録され、実施しています。最後にこの技術について、ご説明します。

ＮＩＰＴは、妊婦さんの血液中のＤＮＡから、赤ちゃんに染色体トリソミーの病気があるかを調べる検査です。対象は13・18・21番染色体です。染色体は本来２本ずつですが、13番が３本あるとパトウ症候群、18番が３本でエドワーズ症候群、21番が３本でダウン症候群を呈します。

妊婦の血液中に赤ちゃんの有核細胞があることがドイツで報告されたのは、１８９３年のこと。しかしごく微量で、約30年前まではそのＤＮＡを解析することはかなり難しいとされていました。

それが１９９７年、妊婦の血液から胎児の性別診断が可能なことが海外で報告され、日本でも妊婦の血液から胎児の染色体などをＰＣＲ検査で調査する研究が進みました。

２０１１年から、米国や中国で妊娠10週以降のＮＩＰＴが開始し、日本では13年から臨床研究がスタートして、これまで８万例以上の診断が行われました。

図表3

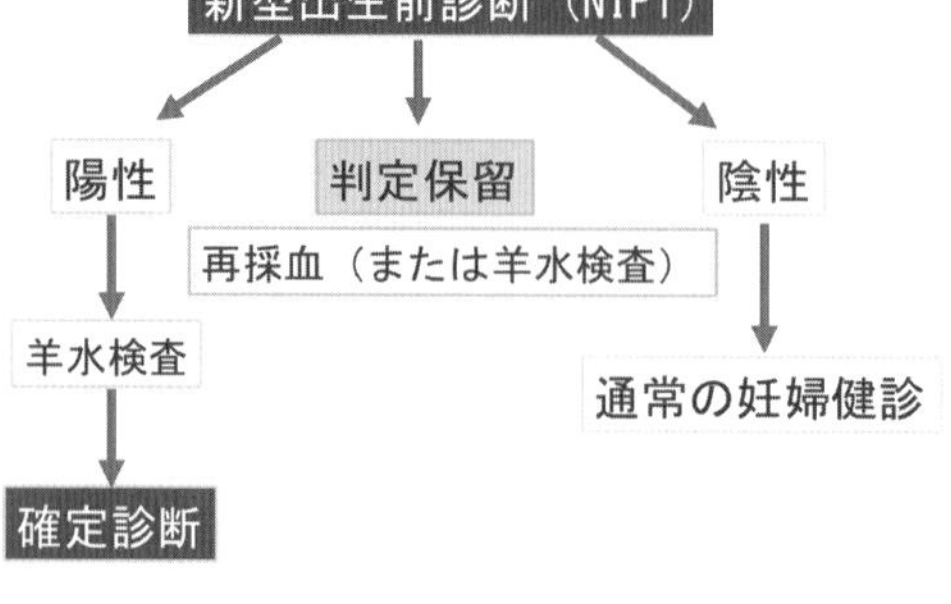

NIPTで胎児の染色体のいずれかが3本あるとわかった場合、羊水検査などで追跡調査します。国内のデータでは、NIPTの的中率は13番染色体で53%、18番で87%、21番で96%と報告されています。偽陰性、すなわちNIPTで異常がなくて生まれてきてから13番、18番、21番トリソミーが見つかる確率は0.008%以下で、非確定検査ながらかなり高い精度です。

名市大病院では、年齢的な問題などから、この検査を希望する方が多く来院されています。院内でのNIPT実施件数は、年間約千件と全国で最も多く、アンケート調査により出産後のフォローアップも行っています。NIPTで異常があるときは羊水検査という確定診断が必要になりますが、赤ちゃんに染色体疾患が見つかっても、通常通りの健診を受けて出産する場合は、羊水検査は必須ではありません。この検査を考えておられる方は、名市大病院の産科婦人科を受診してください。臨床遺伝医療部で遺伝カウンセリングを受け、ご相談いただくことが大切になります。

図表4　名古屋市立大学病院でのNIPT実績 2013.4〜2020.6

新型出生前診断(NIPT)実施人数:7,719名

検査の適応	
高年妊娠	96.8%
染色体疾患の出産既往	1.5%
その他	1.7%
受検者	
母体平均年齢	38.0±2.6歳(26-55歳)
平均検査実施週数	13.3±1.0週(10週6日-16週3日)
夫の平均年齢	39.2±4.9歳(24-74歳)

わが子のおちんちんに悩んだら

医学研究科小児泌尿器科学　教授　林　祐太郎

男児は包茎状態であることが普通で、成長とともにむけてきます。無理にむくのは禁物。症状がなければ問題ないので、自然の成長を待ちましょう。

小児包茎、何もしなくてもいいの?

泌尿器科の外来でときどき「本に子どものおちんちんはむいてきれいに洗わないといけない、とあったのですが、うちの子、全然むけないんです。どうすればいいのでしょうか?」と相談されることがあります。

その本を見せてくれるようお願いするのですが、大抵はかばんの中にも自宅にもない、とおっしゃいます。どこで入手した情報か伺うと、美容院か喫茶店で読んだ雑誌からというのがほとんどで、専門の小児泌尿器科医からではありません。

実は男の子は、ほとんどの子が「包茎」の状態です。包茎とは、亀頭を覆う包皮の先端にある「包皮口」が狭く、亀頭を露出できない状態のことです。

図表1　小児包茎の構造

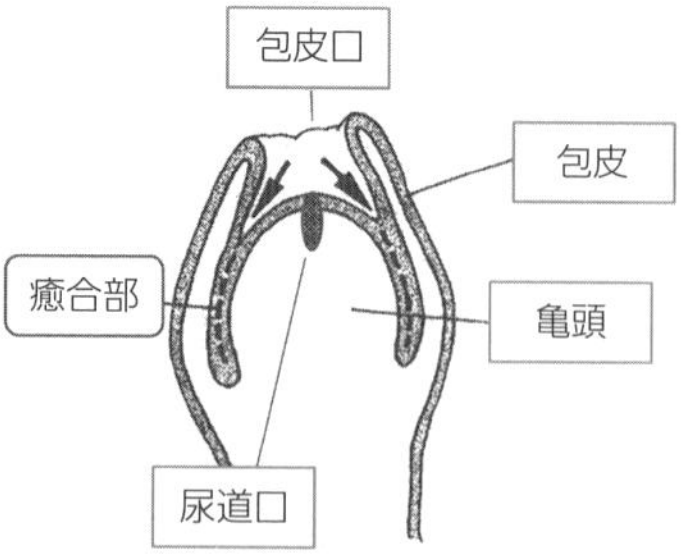

男の子は、生まれた時点では包皮と亀頭がくっついています。包皮口が開いていることは皆無に近く、亀頭が露出することはまれ。成長とともに「恥垢《ちこう》」という分泌物が亀頭と包皮の間に溜まると、包皮がはがれ、亀頭が露出できるようになります。

幼少期は包皮と亀頭がくっついていますから、細菌は入りにくく、無理に包皮をむいて亀頭を洗う必要はない、というのが最初の質問への答えです。

ただし、外で遊んで汚れた手のままおちんちんを触るのはいけません。亀頭包皮炎などの原因になるので、手を洗うのはトイレの後だけではなく、洗ったきれいな手でおちんちんを持って、おしっこするようお話ししています。

思春期を過ぎてもまったく亀頭が露出されない場合は「真性包茎」といい、病気とみなします。包皮口が広く、手を使えば露出できるが、普段は余分な包皮で亀頭が覆われている場合は「仮性包茎」といい、これは病気ではありません。

実は包皮には、乳幼児期の繊細な外尿道口を守る役割があります。ですから、お子さんの包皮を力づくにむいたり、症状がないのに手術をしたりするべきではありません。

いつまでたっても包皮がむけてこないからといって、無理にむいてしまうと、「嵌頓《かんとん》包茎」という状態になり、緊急処置や手術が必要になることがあります。絶対にやめてください。

【陰茎の包皮内にできた白いかたまり】

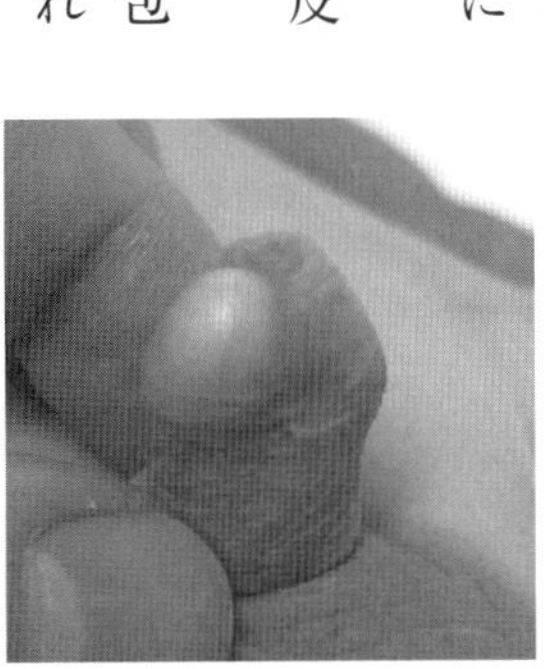

男の子のお母様が、「うちの子どものおちんちんに白っぽいおできのようなものができているのですが」と心配されて来院されることがあります。

これは恥垢といって、亀頭からの分泌物が包皮内に溜まったもので、悪いものではありません。自然に包皮口から排せつされますので、無理やり取ることはしません。

自然にむけるのはいつ頃？

調査によれば、５歳の男の子の８～９割では、包皮口がゆるく広がり、亀頭の先端の外尿道口が見えるようになります。10歳になると９割程度で、亀頭を一部あるいは完全に露出できるようになります。二次性徴以降には、95％以上の男性の包皮がむけるようになり、亀頭が露出できます。成人男性で包皮が全くむけない人は、数％です。

ただ、小さい頃どんな状態であると真性包茎になるのかは、わかっていません。これは健診で外陰部の診察が行われていないことによります。

日本では、出生時と生後１カ月の健診が、生まれた病院で行われます。３カ月児健診、１歳半児健診、３歳児健診は、住む地域の保健所や保健センターで行われます。全身診察の一環として、外陰部の診察も行われます。しかしこれ以降は外陰部の診察がなく、就学時健診でも、身長や体重の測定、胸やお腹の診察、視力検査などは行いますが、外陰部は調べません。

症状がない子は病院には来ませんから、３歳以降の男の子の包皮については、データがない状況です。

【嵌頓包茎】

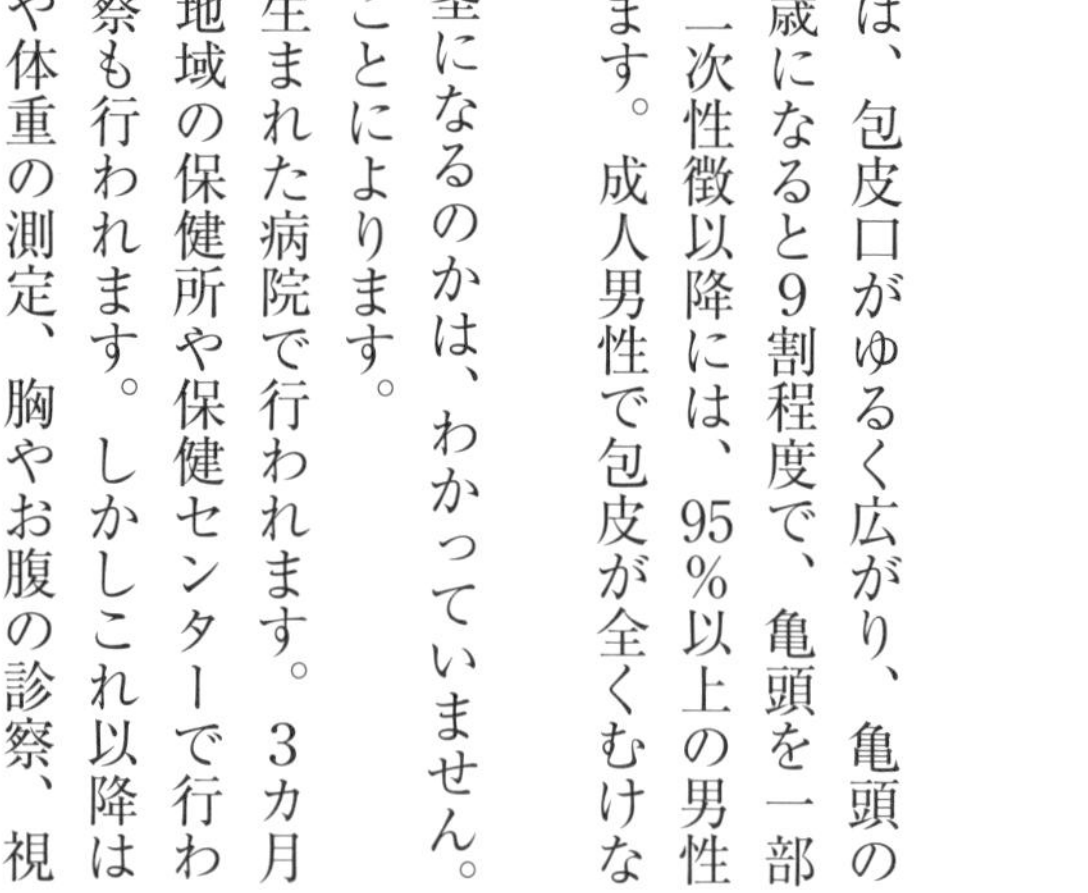

包皮口（右図の○で囲った部分）が狭いのに無理にむいてしまうと、亀頭がむき出しになり、陰茎が腫れあがってしまって、元に戻せない状態になる。これが嵌頓包茎。

真性包茎に備えて手術をするべきか

過去の調査では、真性包茎は成人男性の5％程度と報告されています。後から悩まなくてもよいよう、幼少期に亀頭が露出できるように手術をしておいた方がよいのでしょうか。

１００人の乳幼児に包茎の手術を行えば、真性包茎になる5人の子どもは救われるかもしれません。しかし残りの95人は、成長を待てば自然とむけたのですから、不必要な手術を受けたことになります。

真性包茎の手術は、成人になってからでも手遅れではありません。症状のない幼少期に治療する必要はないと考えてよいでしょう。実際、乳幼児の包茎に対して、手術を希望するご家族は滅多にいませんし、手術を積極的に行う医師もいません。

20世紀の終盤、薬剤での治療が世界的に流行したことがありました。包皮口を広げて亀頭の露出を容易にするために、子どもの包皮にステロイドホルモンを含む軟膏やローションを塗る、というものです。

短期的には優れた効果が報告され、症状のない包茎の男の子にもこの治療を施そうとする医師が、今もいます。しかし、長期的な効果は証明されていません。治療をしなくても、男児の95％前後は成長とともに包皮口が広がるので、ステロ

図表2　成長による包皮口の広がりの変化

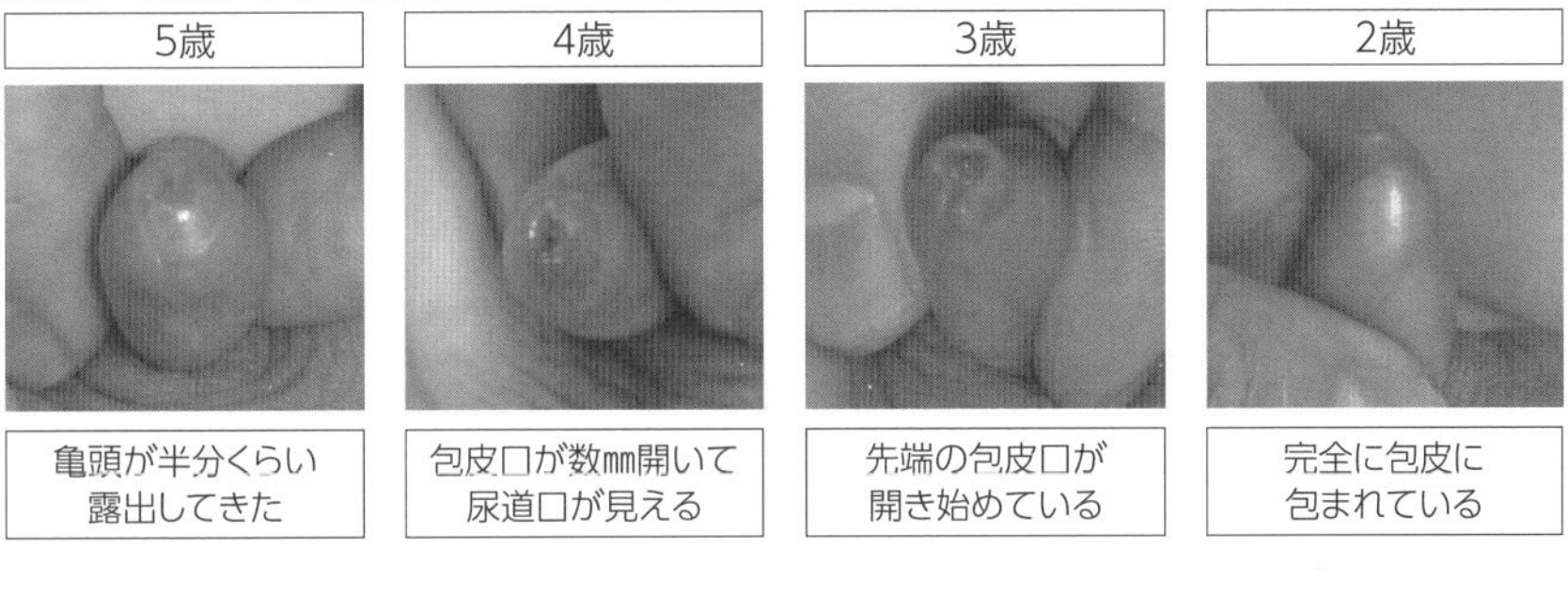

亀頭が半分くらい露出してきた

包皮口が数㎜開いて尿道口が見える

先端の包皮口が開き始めている

完全に包皮に包まれている

イドの効果がどこまでだったかは不明です。

一方、ステロイドを用いた治療は、塗り薬でも副作用に注意すべきといわれています。治療を受けた子どもを後から調査したところ、唾液中のホルモン濃度に異常があったと報告されています。女性ホルモンであるエストロゲンの投与も試みられていますが、女性化乳房などの合併症が報告されています。

確実な効果が証明されていない以上、症状のない子どもの包茎へのステロイド投与には、慎重であるべきと思われます。

以上のように、症状がない場合は、男の子の包皮を無理にむこうとする必要はありませんし、してはならないというのが、小児包茎に対する治療指針です。

症状がある包茎とは?

何らかの症状が継続するような包茎患者には、適切な治療が必要となります。症状のあるお子さんの包茎への対処方法をお話します。

(1)亀頭包皮炎

亀頭包皮炎は、亀頭と包皮との間に起こる感染症です。おちんちんが赤くなる、痛む、膿が出るなどの症状が現れます(写真1)。

抗菌薬入りの塗り薬だけで治る場合もありますが、腎臓や膀胱《ぼうこう》にも感染が起き

写真1　亀頭包皮炎

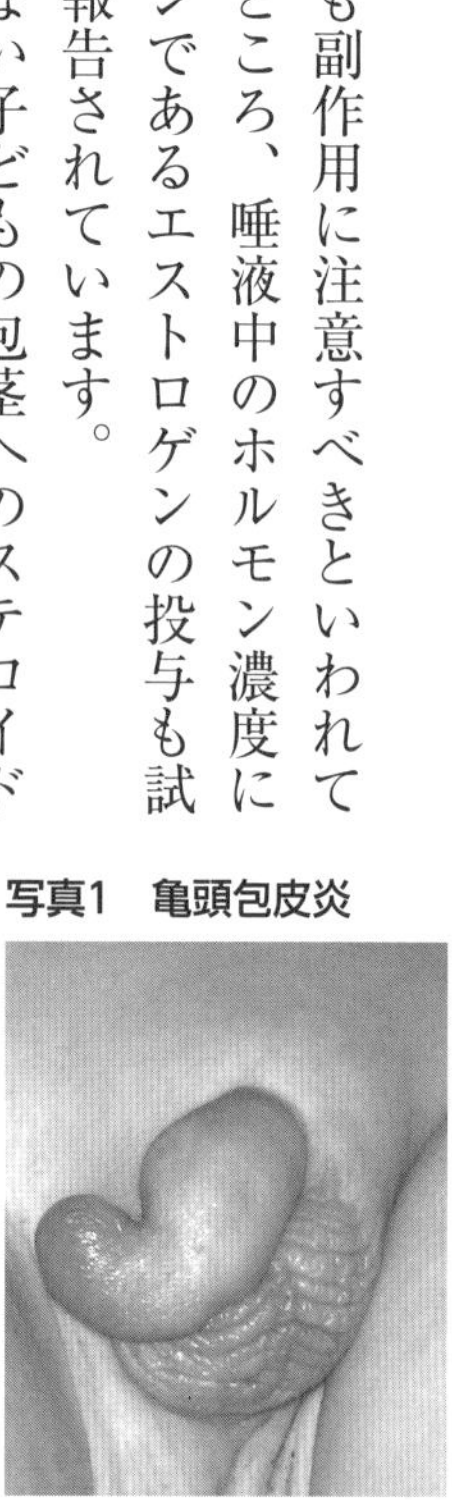

【尿道の出口にできた水疱】

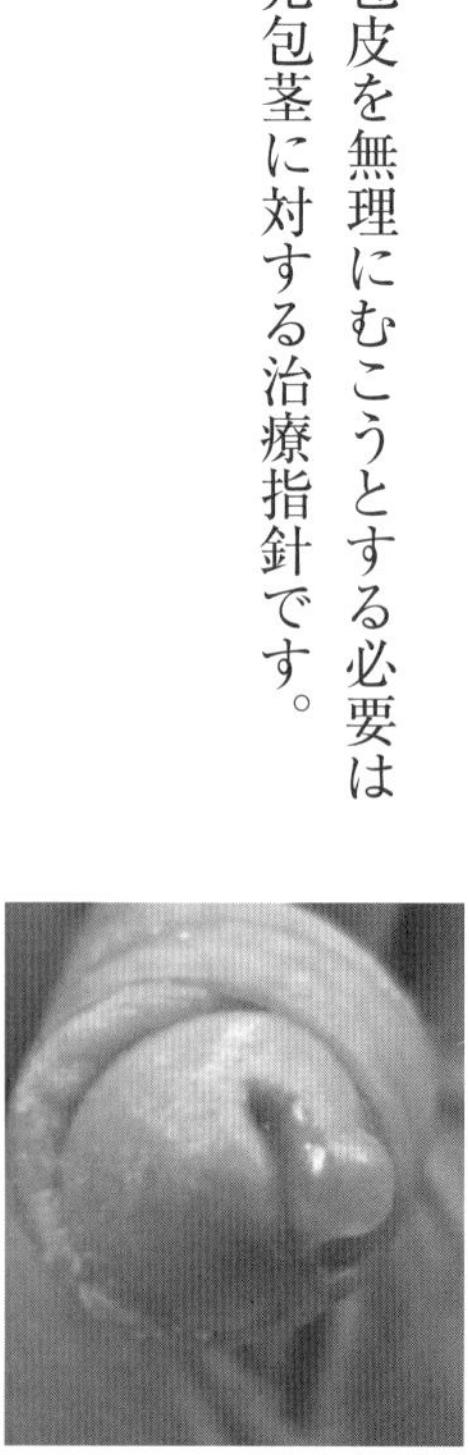

男の子のお母様が、「うちの子どものおちんちんの先に水ぶくれができているんですが」と心配されて来院されることがあります。
これは傍尿道口嚢胞(のうほう)といって、悪いものではありません。自然に縮小していくことが多いですが、増大して1㎝を超えるようになると、尿が飛び散ることがあるので、かかりつけの先生に相談してください。

たり、まれに敗血症（菌が血液中に侵入する危険な状態）を合併したりする場合もありますので、飲み薬の抗菌薬も投与します。

(2)嵌頓包茎

前述の通り、外から強い力が加わって、亀頭が狭い包皮口をくぐり抜けて露出してしまい、元に戻らなくなった状態です。陰茎が締めつけられ、リンパや静脈の流れが停滞し、包皮にむくみが起こります。

これが、乳幼児の親が、誤った情報から無理に包皮をむこうとして起きてしまう症状です。発症してすぐであれば、専門医が手で元に戻すことができます。しかし、うまくいかない場合には、手術が必要になります。

(3)閉塞《へいそく》性乾燥性亀頭炎

「閉塞性乾燥性亀頭炎」は、1928年に初めて報告された、包皮および亀頭に慢性かつ進行性の炎症が起きる病気です。粘膜が白く変色する皮膚病「硬化性萎縮性苔癬《たいせん》」の一種とされます。

包皮口のまわりが白く硬くなり、包皮がむけなくなります。尿がポタポタと落ちたり、包皮が風船のように膨らんで（写真2）、尿があちこちに飛び散ってしまうようになります。

この病気では、亀頭包皮炎をくり返すことも多く、初めは包皮のみに発症した炎症が次第に亀頭、尿道口、尿道をむしばみ、外尿道口狭窄《きょうさく》や尿道狭窄を引き起

写真2　包皮が膨れた状態。「バルーニング」という

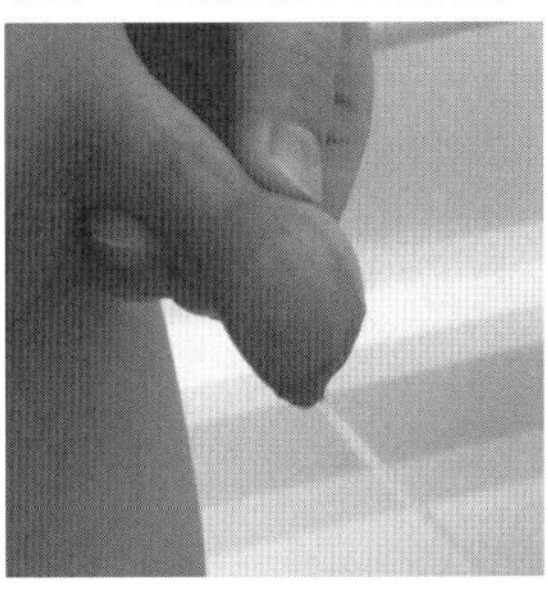

こすことがあります。悪化した部分をすべて切除する手術が必要となります。

(4)埋没陰茎

陰茎が皮膚の下に埋もれてしまっているのが「埋没陰茎」です(写真3)。排尿に問題がある場合は、乳幼児期でも手術を行います。二次性徴を迎えると陰茎が外に出ることが多く、症状がなければ手術の必要はありません。ただ、周りの子と比べておちんちんが小さく見えると精神的なコンプレックスが心配される場合には、小児期に手術を行います。

写真3　埋没陰茎

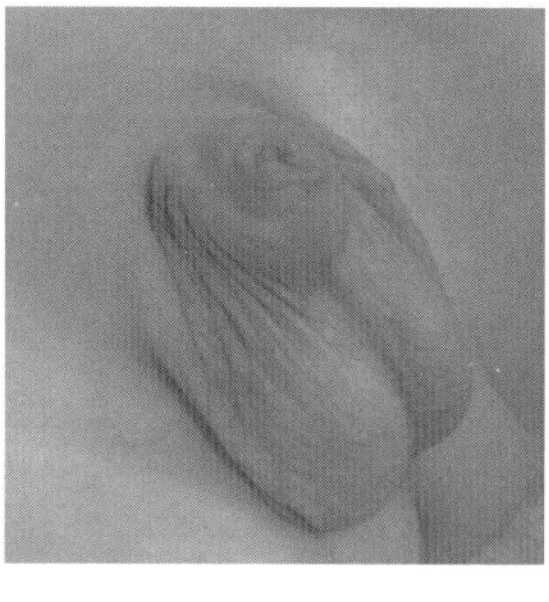

病的な小児包茎に対する手術治療

子どもの陰茎は、「亀頭が普段は包皮に包まれているが、トイレやお風呂で包皮を引っ張れば顔を出す」という状態が、ちょうどよい状態です。手術をする場合はこれを目指して、包皮を切開し、縫い合わせます。

小児包茎に対する諸外国の対応

ヨーロッパや南アメリカ、アジア各国では、日本と同様、無症状の子どもの包茎に手術などの治療をすることはありません。

一方、米国、フィリピン、韓国では、包皮を取り去ってしまったほうが、尿路感染症が発症しにくい、という理由で、出生時に手術を行うことが多いようです。

中近東諸国や、アジアのイスラム教圏では、思春期までに宗教的儀式として、包皮の一部を切除する「割礼」が施されます。ユダヤ教徒は生後8日目に、サーカムサイザー（割礼師）により施術が行われます。西アフリカやオセアニアの諸民族は、伝統的な風習、いわば通過儀礼として割礼を行います。

また、衛生環境が良好とはいえない地域や、エイズを含む性感染症の多発地域では、感染症の予防目的で、包皮の切除が行われています。

子どもが包茎状態であるのは、異常ではないことがご理解いただけたと思います。ときに亀頭包皮炎や排尿障害などの原因になる場合もありますが、抗菌薬などによる治療でほとんどが治ります。

症状がなければ、お子さんの包茎は問題ありません。自然の成長を待ちましょう。

【尿の出口が2つある？】

成長とともに包皮口が広がって、5～10歳頃にむけてくると、包皮に包まれているときは正常に見えたのに、亀頭が完全に露出すると、尿の出口が2つあるように見える場合がある。これは尿道下裂の一種で、下の穴から尿が出てしまうので、小児泌尿器科で手術治療が行われる。

割礼をする文化圏では、包皮が切除された新生児期にこれが発見される。

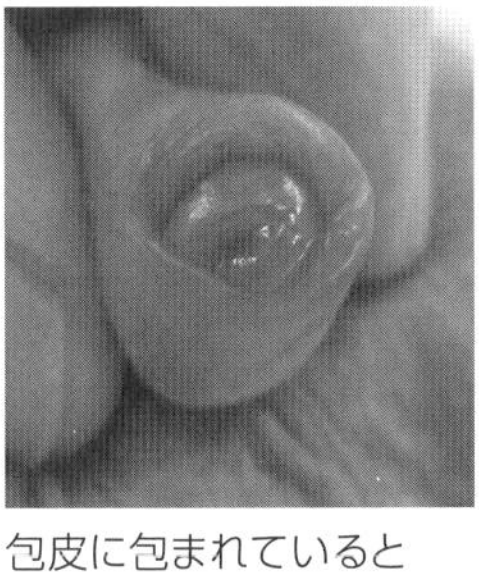

包皮に包まれていると正常に見えるが

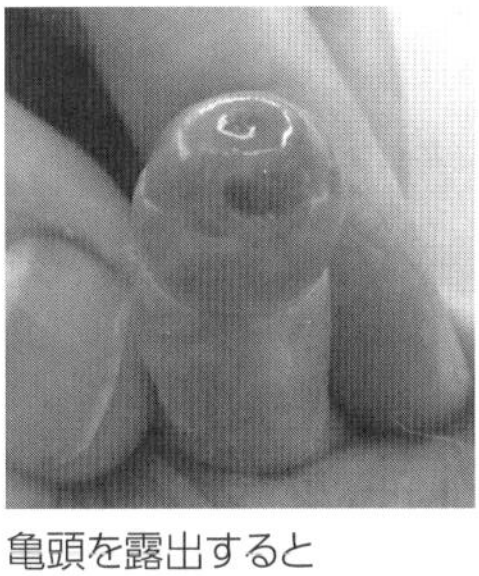

亀頭を露出すると尿の出口が2つ見える

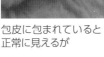

大人にもある、発達障がい

医学研究科精神・認知・行動医学　講師　山田　敦朗

「ADHD」「自閉スペクトラム症」などの発達障がいは、昨今認知度が上がりました。発達障がいを完全に治す治療法は現状ありませんが、周囲の理解と工夫で改善することができます。

大人の発達障がい

発達障がいは、「自閉スペクトラム症」、「注意欠如・多動症（ADHD）[※1]」、「限局性学習症」、「知的発達症」などに分類されます。

これらは、それぞれがはっきりと分けられるものではありません。たとえば、自閉スペクトラム症の子どもには、ADHDの症状のある子どもが少なくありません。ADHDの子どもにも、対人関係や社会性に困難があることが多く、自閉スペクトラム症との診断を迷うことが少なくありません。

こうした子どもたちの多くは、能力に偏りがあることが知られています。AD

※1　ADHD
Attention-deficit Hyperactivity Disorderの略。

HDの子どもは、しばしば勉強や運動が苦手で、「限局性学習症」[※2]や「発達性協調運動症」[※3]を合併することがあります。

これらの疾患は重なり合い、同時に複数の診断がつくことがめずらしくなく、受診する医療機関によって診断にばらつきが出ることもあります。

大人の発達障がいも同様で、診断を確定することは簡単ではありません。大人の発達障がいを診断するうえで基本となるのは、①子どもの頃から症状があるか、②ほかの精神疾患ではないか、③生活面で明らかな機能障がいがあるかを確認することです。

症状を評価するためには、さまざまな心理検査が存在します。中には正確な診断に欠かせないツールもありますが、それだけで診断するのではなく、あくまで総合的に評価して診断します。

以前は診断名を「～障がい」と呼んでいましたが、最近では「障がい」という言葉を避け、「～症」という呼び方が多くなりました。現時点では、発達障がいの症状を完全に治す治療はありません。本人の持てる力を伸ばしていくこと、周囲の環境を工夫していくことが中心になります。

薬物療法で症状をやわらげることもできますが、根本的な治療にはならず、それだけですべての問題が解決するわけでもありません。いろいろな工夫をしてもうまくいかないときに用いられます。

※2 限局性学習症
知的な発達に遅れはないのに、「読む」「書く」「計算する」といった特定のことがうまくできない障がい。

※3 発達性協調運動症
「ボールを蹴る」「字を書く」などの協調運動や、運動がぎこちない、全身運動や手先の操作がとても不器用な障がいで、そのために学習や日常生活に大きな影響を及ぼしている場合をいう。

図表1　発達障がいは重なり合う

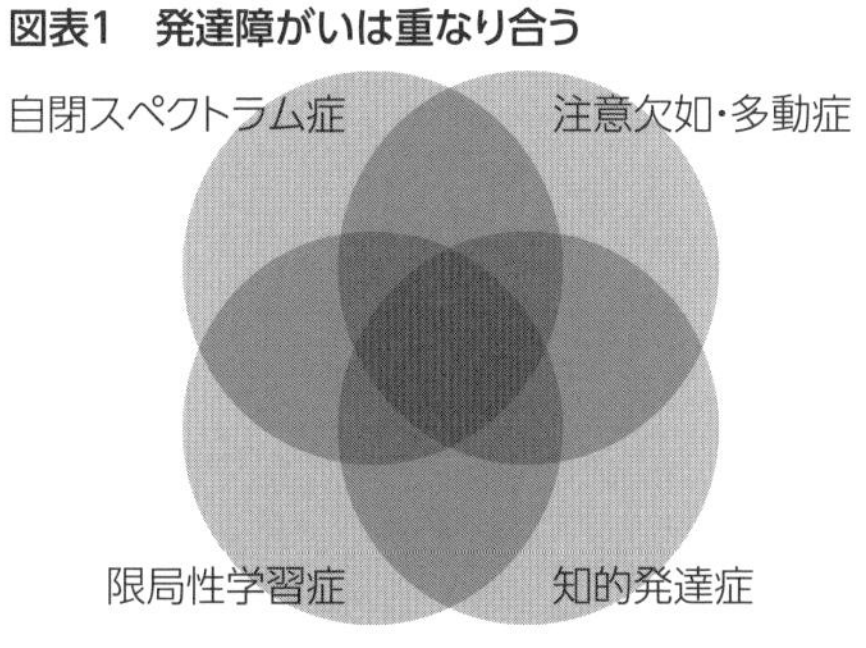

大人のADHD

ADHDは、「多動」、「衝動性」、「不注意」が特徴です。「多動」とは、授業中に席を離れてしまう、座っていてもそわそわする、静かに遊べないなどのこと。「衝動性」は、他の人の邪魔をする、順番を待つことができないなど。「不注意」は、忘れっぽい、整理整頓ができない、必要な物をしばしばなくしてしまう、すぐ気が散ってしまう、集中できないなどです。

子どもでは約5％、成人では約2・5％に見られるといわれています。男性が女性に比べて子どもでは2倍程度、大人では1・6倍程度多いといわれています。

大人のADHDは、子どもの頃から症状が認められます。多くの場合、子どもの頃から診断を受けていますが、大人になってから初めて問題が出てくることもあります。子どものADHDの30～70％が、大人になっても続くといわれています。

大人では、子どもと違って、「多動」は目立たなくなります。たとえば、会議など座ってなければならない場面で立ち歩いてしまうようなことはありません。

一方、「不注意」や「衝動性」はしばしば残ります。大人の「不注意」は、物事を先延ばしにする、時間の管理ができない、多数のものに手をつけてやり遂げられないなど、「衝動性」は、スピードの出し過ぎなど交通違反、ギャンブル依存、脱法ドラッグの使用、衝動買いなどとして表れることがあります。

大人は子どもに比べて自分の力でこなさなければならないこと、自分で責任をとらなければならないことが多く、ADHDで生活に影響が出てくることがあります。たとえば、症状が重くて仕事を続けられなくなると、経済的に困ってしまいます。仕事や家事などしなければならないことが増えるぶん、ミスもしやすくなり、その責任は自分で負わなくてはなりません。自己判断も必要です。子どものように、指示されたことをやっていればよいわけではありません。

こうした症状から失敗や挫折をくり返し、抑うつ症状を示すことも少なくありません。抑うつを中心に治療を受けていく中で、ADHDが見つかる例もあります。「うつ病」、「躁《そう》うつ病」、「不安症」になることが普通の人よりも多く、「アルコール依存症」をはじめとする物質乱用、勉強がうまくできない限局性学習症のほか「反社会性パーソナリティ障がい」[※4]を合併することもあります。

大人のADHDの診断

大人のADHDの診断には、こうした多動、衝動性、不注意の症状が存在し、子どもの頃からそれがあることをきちんと確認することが基本となります。

症状を確認するための、さまざまな評価ツールも存在します。聞き取り式の「CAARS（日本語版）」、「CAADID（日本語版）」といった検査は時間がかかりますが、より正確な診断につながります。

患者自らが記入する「自己記入式症状チェックリスト」は、簡便に行うことが

※4
反社会性パーソナリティ障がい
規則を守ろうとしない、他人を傷つけてもそれを正当化する、嘘をついたり権利を侵害することに罪悪感を持たないといった特徴を持つ障がい。

できますが、症状や生育歴、現病歴も併せてきちんと評価することが大切です。

大人のADHDの治療法

発達障がいには根本的な治療法がなく、症状に対して、対策を考えることが重要です。たとえば「職場でミスが続いて叱られてしまう」と、患者さんが相談に来たとします。症状を具体的に確認すると、「営業職だが、顧客とのアポイントにしばしば遅刻してしまう」ということがわかりました。

そこで、今までどんな対策をしてきたのか確認します。「時間に余裕をもって出ようとしているが、直前で忘れ物に気がつく。探しているうちに遅刻してしまう」とのことでした。

ここで「言い訳をしてはいけない、気をつけなさい」と注意するだけでは、症状は改善しません。言い訳にはむしろ、改善のヒントがあると考えるべきです。

「忘れ物を探していると遅刻する」のであれば、探さずに時間に間に合うように出かけなければなりません。そこで新しい対策を考え、提案します。たとえば、「最低限必要な持ち物を、あらかじめカバンに入れ準備しておく。急いでいるのに必要なものが見つからない場合は、出発予定時間の30分前には探すのをやめ、カバンを持って出かけるようにする」などです。

図表2　ADHDの人に役立つ小さなスキルの一例

問題	対策
財布をなくす	カバンに鎖やひもをつけて結びつける
締め切りを忘れる	カレンダーに、締め切り日、1週間前、 1カ月前の3か所記載する
ペンやハサミが見つからない	文房具をそろえて作業スペースを作っておく 文房具は持ち出さない
書いたメモをなくす メモした場所がわからなくなる	メモやふせんは使わない 1冊のノートに順番に書く
書類をどこにしまったかわからなくなる	重要な書類は場所を決めて1カ所に保存する
待っている時間にやるべきことを忘れてしまう	タイマーを使う

※誰にでも役立つとは限りません。自分に適した方法を見つけていくことが必要です

最初はうまくいかないかもしれません。勧められても、「どうせできない。面倒だ。やったことがないから無理だ」とやりたがらないかもしれません。それでも何度か試してみてもらいます。改善方法が身につくまで実行することが大切です。

ＡＤＨＤの人が使える小さなスキルは、ほかにもたくさんあります。たとえばメモは、日程が決まっていることはカレンダーに、それ以外は１冊のノートにと書き分けます。ふせんやメモ紙はなくすことが多いので、使いません。机の上にはいつも作業スペースを空けておき、よく使う文房具は、そこにまとめて揃えて置いておきます。

大人のADHDの薬物療法

ＡＤＨＤの症状を改善するお薬もあります。現在のところ、「メチルフェニデート徐放錠《じょほうじょう》」、「アトモキセチン」、「グアンファシン徐放錠」の３種類が、大人の治療に使われています。お薬には症状改善の効果もありますが、さまざまな副作用があるので、注意が必要です。

メチルフェニデート徐放錠は「中枢神経刺激薬」に分類され、依存性があることが知られているため、「ＡＤＨＤ適正流通管理システム」に登録しないと処方できないようになっています。登録は医師が行い、薬剤師が登録を確認しないと薬が受け取れないようになっています。

図表3　大人のADHDに適応のある薬物

一般名	商品名	種類	剤型	用法・用量	主な副作用	備考
メチルフェニデート	コンサータ	中枢神経刺激薬	徐放錠	1日18mg～72mgを1日1回朝に内服する	不眠、食欲低下、頭痛など	ADHD適正流通管理システムへの登録が必要
アトモキセチン	ストラテラ	ノルアドレナリン再取り込み阻害剤	カプセル、内用液	1日40mg～120mgを1日1回または2回に分けて内服する	吐き気、頭痛、動悸など	
グアンファシン	インチュニブ	選択的α2Aアドレナリン受容体作動薬	徐放錠	1日2mg～6mgを1日1回眠前に内服する	傾眠、徐脈、血圧低下など	

また、この徐放錠と呼ばれる薬は、服用すると腸内で少しずつ排出される仕組みとなっていて、12時間ほど作用が持続します。服薬時にかんだり、割ったりしてはいけません。しばしばみられる副作用に、不眠、食欲低下があり、午後に服薬すると夜眠れなくなる可能性があるので、朝服用します。

アトモキセチンは、「ノルアドレナリン再取り込み阻害剤」という種類のお薬です。子どもの場合は体重に応じて服薬量が決められていますが、18歳以上では体重に関係なく、40㎎から始めて最大120㎎まで増量します。服薬開始時に、吐き気の副作用が出ることがあります。

グアンファシン徐放錠は、「選択的α2Aアドレナリン受容体作動薬」という種類のお薬で、やはり子どもの場合は体重に応じて、大人では体重に関係なく、2㎎から始めて最大6㎎まで増量します。傾眠（ぼんやりして睡眠に陥りやすい状態）、徐脈（脈が遅くなる状態）、血圧低下の副作用がみられることがあります。

【ADHDにおける薬物療法】

ADHDの治療では、症状への理解、対処法の工夫、周囲のサポート、環境の改善、薬物療法などを合わせて行いますが、お薬には症状を軽くする作用があるだけで、お薬で根本的に治すことはできません。このような治療を「対症療法」と呼びます。症状を改善する効果があるからといって、薬物療法だけに頼るべきではありません。

また、お薬の効果は人それぞれで、誰にでも効くわけではありません。効果が認められない場合は無理に続けず、やめたり、別のお薬に変更したりすることも考えましょう。

大人の自閉スペクトラム症

自閉スペクトラム症は、英語の略で「ASD」[※5]とも呼ばれます。以前は「広汎性発達障がい」とも呼ばれていました。

スペクトラムは「連続体」を意味します。自閉症の人と健常の人との間には、はっきりと区別できる境界線が存在しません。診断がつくかつかないか、はっきりし

※5　ASD
Autism Spectrum Disorderの略。

ない人もいます。このため、「自閉症」と診断されていたものはすべて、最近は「自閉スペクトラム症」という診断に変わりました。

大人の自閉スペクトラム症の方は1％程度といわれていますが、年々少しずつ増えてきています。原因ははっきりしていませんが、診断基準の拡大や、認知度の高まりなどによるところが大きいようです。また、男性が女性に比べて4倍程度多いといわれています。

自閉スペクトラム症は、2つの症状を特徴とします。

ひとつは「相互的な社会的コミュニケーションの障がい」で、人に異常に近づいてしまう、会話のやり取りができない、感情の共有ができない、人と視線が合わない、顔の表情や非言語的コミュニケーションが少ない、友人が作れない、などが含まれます。

もうひとつは「限定された反復的な行動、興味、活動様式」で、同じような身体の動きを常にくり返す、同じ会話をくり返す、特定の行動パターンにこだわってそれを変えようとしない、物などに執着する興味、感覚刺激に対する過敏さまたは鈍感さ、などが含まれます。こうした症状は一例であり、程度は人によってさまざまです。

症状が重い場合は、幼少期から気づかれ、早めに診断されます。症状が軽い場合では、青年期や大人になって問題が起きるようになってから、初めて気づかれることもあります。

図表4　自閉スペクトラム症のイメージ

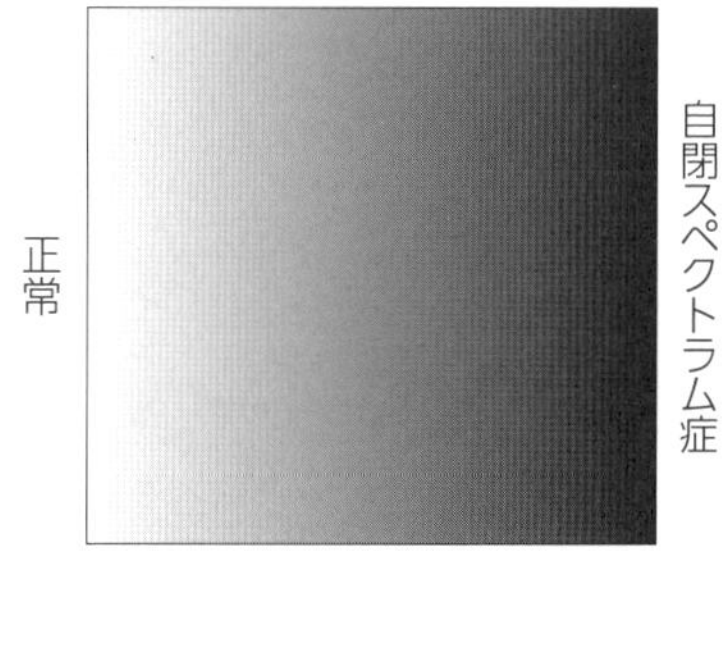

自閉スペクトラム症と正常の間には明確な境界線がない。このため、正常とされる方の中にも、自閉スペクトラム症の傾向を持つ方がたくさんおり、そうした方が受診をした場合、診断がつくかどうか意見が分かれることがある。

大人の自閉スペクトラム症では、「二次的な症状」といわれる症状もあります。たとえば、困ったことが起きると嘘をつく、自分の非を認めない、被害的に捉えてしまう、などです。これらは自閉スペクトラム症の本来の症状ではありませんが、自閉スペクトラム症の方が環境に適応しようとしてとった行動が、うまくいかずに起きてしまう、と考えられています。

大人の自閉スペクトラム症の診断

大人の自閉スペクトラム症の診断は、症状の確認が基本です。診断は、症状の重症度、発達段階、年齢によって大きく変化します。治療的介入や支援により、障がいの兆候が目立っていない場合もあるとされています。

診断で重要な点は、症状が幼少期からあったかどうかです。現在症状が認められても、過去に症状がない場合は、ほかの疾患を疑います。過去からあったけれど、目立たず見過ごされていた可能性も考えますが、大人の場合、過去の情報を集めることが難しいこともしばしばです。

もうひとつ重要なのは、症状によって日々の活動に支障があるかどうかです。症状が認められたとしても、社会に適応していて、問題が生じていない場合は、診断がつきません。

自閉スペクトラム症でも、症状を評価するためのさまざまな心理検査が存在し

【自閉スペクトラム症の診断のポイント】

●現在の症状が以下にあてはまるか
▾社会性やコミュニケーションの障がい、こだわりや感覚過敏
●幼少期から症状があったか
●日常生活に支障が出ているか（日常生活に問題がなければ診断されない）
●ほかの疾患を否定できるか、もしくは合併しているか
▾うつ病、不安症、統合失調症など

【心理検査】

以下のようなものがある。

親面接式自閉スペクトラム症評定尺度テキスト改訂版（PARS－TR）

検査者が保護者を面接してお子さんの状態を答えてもらう検査。自閉スペクトラム症に特

ます。「ADI－R」、「ADOS－2」といった心理検査を用いると、正確な診断が可能です。ただしこれらの評価には時間がかかり、講習などを受けて習熟した評価者が必要です。

もう少し簡単にできる心理検査として、「親面接式自閉スペクトラム症評定尺度テキスト改訂版（PARS－TR）」、「自閉症スペクトラム指数（AQ）（日本語版）」などがあります。ただし、これらの検査だけで診断はできません。

ほかに、補助的にしばしば行われる心理検査もあります。「WAIS－Ⅳ」と呼ばれる知能検査は、広く一般的に行われています。ただし、自閉スペクトラム症は、測定する領域や項目の得点のばらつきが多いことが知られています。特徴的なパターンが決まっているわけではなく、この検査で直接診断できるわけではありません。

大人の自閉スペクトラム症の治療

自閉スペクトラム症を治す治療はありません。

子どもの場合は、上手に成長できるように環境を整え、その子に合った教育を提供していくことが必要です。周囲のサポートが欠かせません。「リスペリドン」と「アリピプラゾール」という抗精神病薬には、易《い》刺激性（ささいなことで、すぐに不機嫌になる性質）をやわらげる効果があり、使われることがありますが、自閉スペクトラム症の症状そのものを治すわけではありません。

徴的な6領域57項目で構成されている。幼児期、児童期、思春期以降について特徴を確認する。一定以上の得点だと自閉スペクトラム症の可能性が高いと判断される。

自閉症スペクトラム指数（AQ）（日本語版）

被験者が大人の場合に、自分で記入して回答する検査。全部で50項目の質問がある。「社会的スキル」「注意の切り替え」「細部への関心」「コミュニケーション」「想像力」の5つの領域に分けて評価する。一定以上の得点だと自閉スペクトラム症の可能性が高いと判断される。

WAIS－Ⅳ（Wechsler Adult Intelligence Scale-Fourth Edition：ウェクスラー成人知能検査第4版）

広く一般的に行われている成人用の知能検査。検査者が面接してテストする。全検査知能指数（FSIQ）、言語理解指標（VCI）、知覚推理指標（PRI）、ワーキングメモリー指標（WMI）、処理速度指標（PSI）の5つの合成得点が算出され、知的障がいがあるかどうかが判断される。直接、自閉スペクトラム症の診断はできないが、診断を判断する材料になる。

大人の自閉スペクトラム症でも同様です。自閉スペクトラム症の症状は簡単には変わりませんし、治す薬もまだ開発されていません。対応の工夫が重要です。一例を見てみましょう。

自閉スペクトラム症の人には、あいまいな指示が理解できません。たとえば、会議の資料を用意するように指示を出すとします。「今から会議があるから、この資料をみんなに配れるように準備しておいて」という指示はよくありません。何時までに、何部コピーして、どこに準備しておくのかがあいまいだからです。慣れている人なら、推測して準備することができるでしょう。しかし自閉スペクトラム症の患者さんは、どうしたらいいのかわからなくなって混乱してしまいます。

このような場合の指示は、「2時から会議があります。この資料を配りたいので、10人分コピーしてください。それを1時50分までに、第1会議室に持ってきてください」とくわしく具体的にすることが重要です。また、自閉スペクトラム症の人は突然の変更が苦手なので、時間に余裕をもって伝えておく必要もあります。

うまくできなかったときの対応も大切です。きちんと指示をしていても、いざ持ってきたのはただのコピーの束で、会議資料としてひとりひとりに配布できるよう、一部ずつそろえられていない、ということもあるでしょう。

こうしたとき、頭ごなしに叱るのはよくありません。「何をやっているんだ」「言わなくてもわかるだろう」という叱責はしないようにします。「ちゃんとやりましょう」「がんばりましょう」という言葉も励ましにはなりますが、何をすべきかが伝わりません。「コピーしたものは、配れるように一人分ずつ分けてください」と、冷静に、具体的に伝えるようにします。

大切なのは周囲の理解とサポートです。他人と違っている、変わっている、言うことが通じないからといって理解しようとしなければ、その人は孤立してしまいます。そうすると、その人の抱えている問題は、ますますひどくなってしまいます。

周囲の人が正しい知識を身につけ、自閉スペクトラム症の人を理解し、一緒に暮らしていける環境を作っていくことが、一番の治療につながります。

慢性痛

医学研究科麻酔科学・集中治療医学　講師
徐　民恵

多くの人が抱えている「慢性痛」。つらいですよね。いろいろな原因がありますが、鎮痛薬を使用する以外の方法で、よりよい生活が送れるかもしれません。

「慢性痛」ってなに？

慢性痛とは、「治療に要すると期待される時間の枠を超えて持続する痛み、あるいは[※1]進行性の非がん性疼痛《とうつう》に基づく痛み」と定義されています（国際疼痛学会）。一般的には3カ月以上続く痛みのことをいい、多くは原因不明で、有効な治療法が少ないといわれています。

日本では成人の4、5人に1人が慢性痛を抱えているとされています。厚生労働省が3年に1度行っている調査によると、日本人に多い慢性痛は、男女ともに腰痛と肩こりで、「腰」は64％、「肩」は48％にものぼります（図表1）。その半数以上が「痛みをガマンするしかない」「どうせすぐ治らない」と治療をあきらめて

※1　がんによる痛みは慢性痛とは呼ばない。痛みの原因が、がんが進行してどんどん強くなっているものと、はっきりわかっているからである。原因ががん以外で、ある程度時間が経っても痛みがとれない、あるいはどんどん痛くなる、そんな痛みのことを慢性痛という。

おり、病院に通わなかった人は3割もいるといわれています。

実際に病院を受診しても治療満足度は低く、厚生労働省の調査によると、病院にかかるよりも整体やマッサージを受けるほうが、満足度が高かったそうです。

でも、慢性の痛みはつらいものです。慢性痛にはさまざまな要因が関与しているため、きちんと評価して対処する必要があります。

本稿では、慢性痛の対処法について解説します。

痛みへの不安が悪循環して慢性痛に

痛みには「急性痛」と「慢性痛」があります。

急性痛は病気やケガによって起こり、原因を取り除けば痛みがやわらぎます。ケガで生じる痛みは、体の異常を警告するために、本来備わっている機能です。

転んでケガをした子どもは、傷口の痛みで、今後転ぶことのないよう気をつけるでしょう。しかし、痛みがいつまでも続くと、「警告」の意義はなくなります。長く続く痛みのため、患者は痛みの悪循環に陥ります（図表2）。

痛みを体験したとき、それによる不安や恐怖をあまり感じずに回復する人と、そうでない人がいます。後者の慢性痛患者はネガティブな思考に陥りやすく（「破局的思考」といいます）、それが痛みを持続、悪化させます。

図表1　慢性疼痛の部位

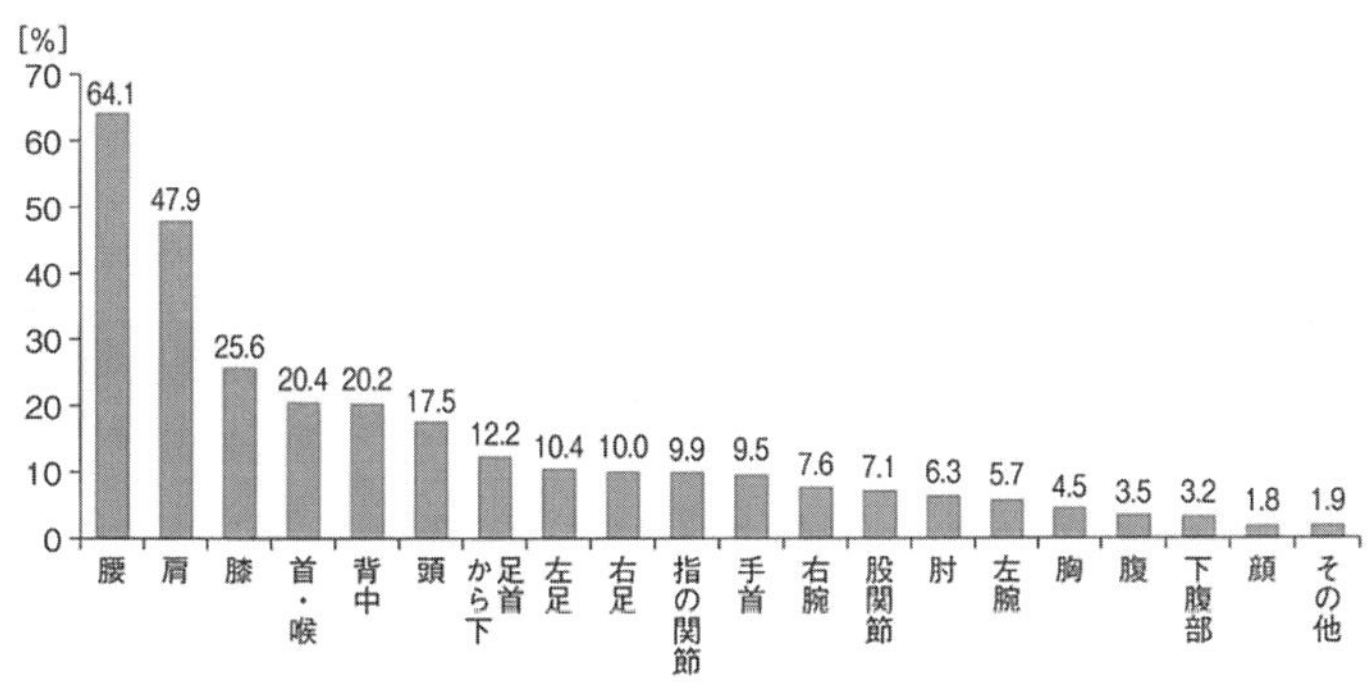

（「慢性疼痛ガイドライン」（医学書院）より）

破局的思考の強い人は、痛みへの不安と恐怖からどんどんネガティブになるという悪循環に陥り、やがてＱＯＬ（生活の質）が損なわれてしまいます。特に働く世代が慢性痛に陥って働けなくなると、その経済・社会的損失は非常に大きくなります。

このように慢性痛はただ、急性痛が長引いただけのものではありません。まったく異なる病気なのです。

たとえば次の①と②では、痛みのとらえ方が違います。

【症例】50歳代の男性、腰痛症

①昨日ゴルフから帰宅してから、腰に痛みが出た。「今日はがんばりすぎたから、しょうがないよね。治らなかったら病院に行こうかな」と、その日は普段通りに過ごし、就寝した。朝起きると、腰はだいぶよくなっていたので、会社に出かけた。

②昨日ゴルフから帰宅してから、腰に痛みが出た。「この前テレビで、血管の病気で腰が痛くなる場合もあると言っていたな…。それだったらどうしよう。しばらく安静にしておかないと」と心配になり、その日は一睡もできなかった。朝起きてからも、痛みばかり気になっており、会社を休んだ。

②のような人が、慢性痛に陥りやすいと言われています。ポジティブな考え方

図表2　痛みの恐怖―回避モデル

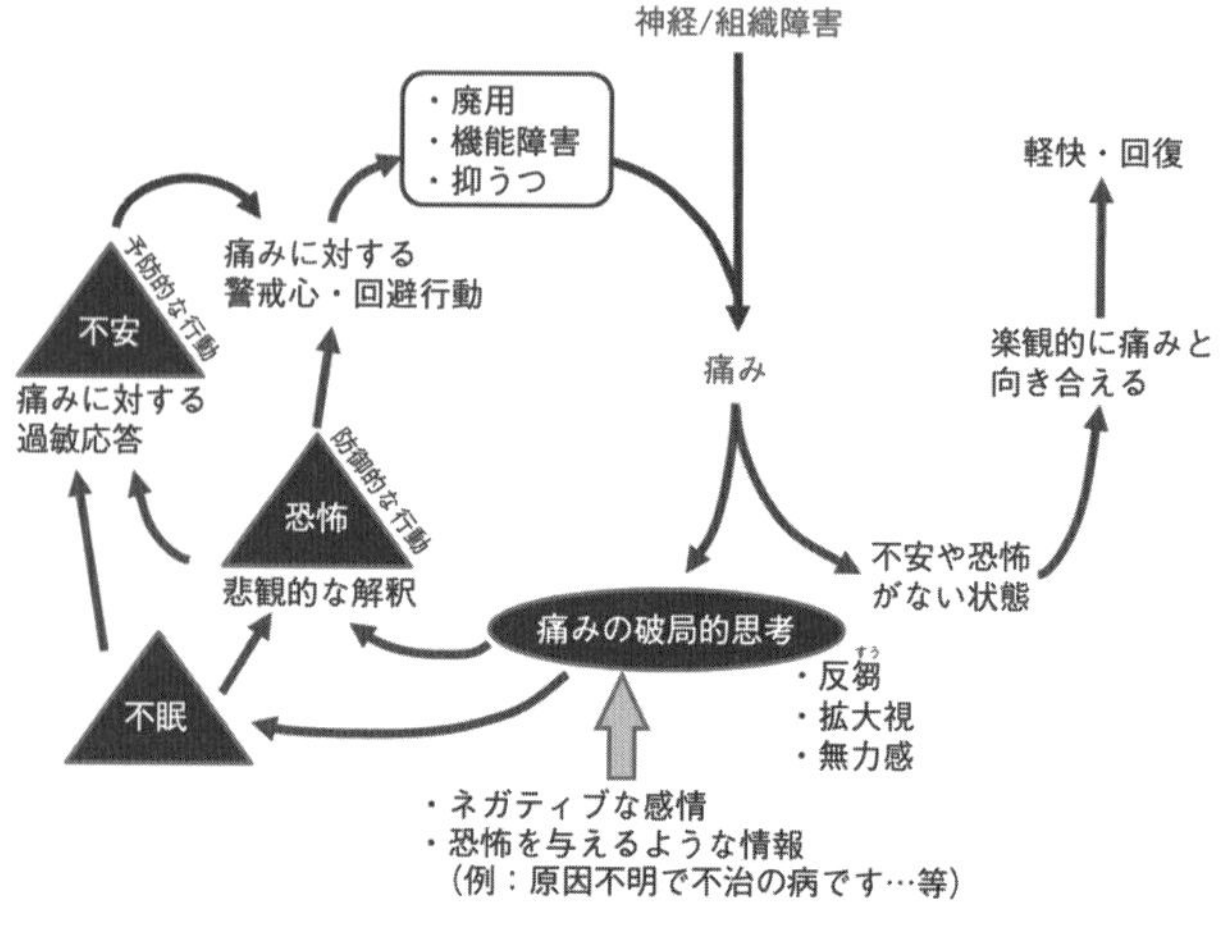

と、セルフケア（ストレス、つまり痛みと上手につきあうための方法を知って実践すること）が大切です。なかなか痛みがよくならなければ、慢性化する前に病院を受診するのがよいでしょう。

慢性痛の原因の調べ方

慢性痛にはさまざまな要因があると前述しました。身体に問題がある場合（器質的要因）と、心理・社会的な問題によるもの（心理・社会的要因）とが、複雑に関与しています。

身体に問題がある場合は、病気や障害部位に応じて、筋肉の痛み・神経からくる痛み・内臓の痛みなどが生じます。われわれ医師は、慢性痛の患者さんを初診でみるとき、まず体に何か問題がないかをチェックします。場合によっては、CT画像や超音波検査、血液検査などをします。そこで異常があれば、専門医に紹介し、対応してもらいます。

次に心理・社会的要因のチェックですが、自分では気づかないことが原因となっている場合もあります。これは、問診とアンケート調査で、ある程度見つけ出すことができます。

前述の、痛みに対する体験を否定的に捉えてしまう「破局的思考」も、アンケート調査で点数化することができます（図表3）。13個の

図表3　痛みの破局的思考尺度(各0-4点)

1. 痛みが消えるかどうかずっと気にしている
2. もう何もできないと感じる
3. 痛みはひどく、決してよくならないと思う
4. 痛みはおそろしく、痛みに圧倒されると思う
5. これ以上耐えられないと感じる
6. 痛みがひどくなるのではないかと怖くなる
7. 他の痛みについて考える
8. 痛みが消えることを強く望んでいる
9. 痛みについて考えないようにすることはできないと思う
10. どれほど痛むかということばかり考えてしまう
11. 痛みが止まってほしいということばかり考えてしまう
12. 痛みを弱めるために私にできることは何もない
13. 何かひどいことが起こるのではないかと思う

点数が高いほど破局的思考が強い

項目について、どれだけ当てはまるかを5つに分けて回答すると、点数化されます。破局的思考を評価することで、患者さんがどれだけ痛みにとらわれているか、痛みを恐れているかなどがわかります。

抑うつや不眠の状況もアンケートからわかります。痛みと抑うつは、脳の機能障害部位が共通していることでも知られており、痛みが長く続くと、誰でも痛みのせいで落ち込む、抑うつ状態になります。このようなケースでは、痛みに対する思いのゆがみを是正することが、治療につながります。

また、慢性痛患者では、注意欠陥・多動性障害（ADHD）などの発達障害や、不眠症などの合併が多いこともわかっています。アンケートの回答から「発達障害らしい」ということが読み取れる場合は、本当に発達障害かどうかくわしく調べていきます。

ストレスが慢性痛を引き起こすことも

現代のストレス社会では、家庭、職場や学校での人間関係が、本人の気づかないところで痛みをこじらせてしまうこともあります。最近のコロナ禍の折、運動不足から痛みを生じていることもあります。これらの要因がないかをチェックし、適切に対応することでも、鎮痛薬が効かない痛みをやわらげられることがあります。

【症例】80歳代の女性、腰痛症

もともとは大きな病気もなく元気。ひとり暮らしで身の回りのことはしっかりできていた。毎週友人と待ち合わせて、喫茶店や百貨店に行くのを楽しみにしていたが、新型コロナウイルス感染症拡大のため、外出を自粛し、食事も宅配に頼むことが多くなった。

外出を控えてから3週間で、腰が痛くなった。痛むので家で安静にしていたところ、痛みがますますひどくなった。腰が痛くなってから3カ月して、息子に勧められ、名市大病院の「いたみセンター」を受診。

最初の診察で、「抑うつ」「痛みの破局的思考」「運動不足」を指摘された。腰のX線写真からは、軽い骨の変形が見つかったのみ。精神科医の診察で、「うつ病」と診断された。

うつ病の薬を処方され、気分の落ち込みが減り、痛みもやわらいだ。少し体を動かしましょうと言われ、毎日5分間の体操を始めた。痛みはさらによくなり、うつ病の薬は中止することができた。

この方は、コロナのために楽しみと動きが制限されてしまい、うつ病を発症してしまった患者さんです。うつ病のために痛みをさらに強く感じてしまい、また落ち込む、という悪循環に陥っていました。ある楽しみが制限されたときは、ほかの楽しみを見つける、というのも大事です。

【名古屋市立大学いたみセンター】

「名古屋市立大学いたみセンター」では、急性痛と慢性痛の治療を行っています。

慢性痛の初診は週に1回、2名のみ予約制で診察しています。なぜ2名しか予約ができないかというと、ひとりの診察に半日かけているからです。看護師・心理士・理学療法士・麻酔科医・精神科医が診察をして、患者の慢性痛がどこから来ているのかをさまざまな観点で評価します。初診の後に継続治療する場合は、週4日の慢性痛再診で診療を継続します。

診療案内

平日午前：急性痛初診

月・火・木・金午前：

急性痛再診／慢性痛再診

木午後：慢性痛初診

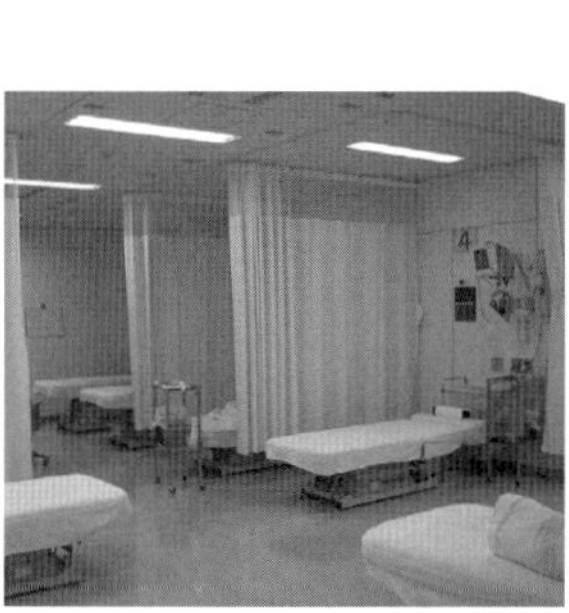

見逃してはいけない慢性痛

慢性痛の中には、放置してはいけないがんや感染症、ケガなどが隠れている場合もあります。

たとえば腰痛は、慢性痛のなかでも多くを占める痛みです。そのうちの8割強は、器質的要因のない「非特異的腰痛」[※2]といわれ、腰椎椎間板ヘルニアや、腰の骨の圧迫骨折などと診断されるのは、わずか1割強だと報告されています。

圧迫骨折の原因には、骨がもろくなることから起こる「骨粗しょう症」や、がんが骨に転移したことによるものがあります。特にがんの場合は、生命に関わることですから、これを見逃すことはできません。

頭痛を抱える患者さんも多いですが、中には脳腫瘍が隠れていることもあります。どんな慢性痛でも、まずは病気でないか調べることが大事です。

※2　**非特異的腰痛**
「原因は○○だね!」とはっきり言えない腰痛のこと。整形外科の先生が「軽いヘルニアはあるけれど、そんな強い痛みを引き起こすほどではないね」というのは、非特異的腰痛に含まれる。

慢性痛の治療は、できることから徐々に

名市大病院のいたみセンターでは、長引く慢性の痛みに対して、医師・看護師・心理士・理学療法士・薬剤師など多職種による集学的治療を行っています。

大事なことは、最初に治療のゴールをどのように設定するかです。「痛みをゼロにしたい」という患者さんは多いですが、まずは「痛みがあっても身体機能と

生活の質を向上させて、社会生活を取り戻す」ことをゴールに、できることから目標を決めて前に進むことが重要です。

鎮痛薬による治療

「筋肉の痛み」や「変形があるけれど、手術するほどでもない腰痛」に対しては、ロキソプロフェンやアセトアミノフェンなど普通の「痛み止め」の薬を処方します。検査をしたうえで痛み止めを処方され、普段、痛みはありながらも元気に生活している人は、「慢性痛患者」とは呼びません。

慢性痛の治療対象は、〝痛くて生活に支障がある〟という人です。このような患者さんは、慢性痛に至るまでに普通の痛み止めをすでに使ってしまっているので、ほかの方法でアプローチします。

漢方薬は、いろいろな生薬が組み合わさっており、たくさんの種類があります。中には鎮痛作用があるものや、体を温めるものもあるので、患者に合わせた処方で痛みをやわらげられることがよくあります。

神経の痛みには、普通の痛み止めがなかなか効きません。たとえば、慢性痛患者の中でも多い「※3帯状疱疹《たいじょうほうしん》後神経痛」は、神経の痛みです。

「神経の痛み」は、手を切ってしまったときの痛みとは異なります。患者さんはみな口をそろえて「今までに経験したことのない痛み」と表現しますが、ヒリ

※3 帯状疱疹後神経痛
みずぼうそうのウイルスが神経に沿って悪さをするもの。最初は痛みとともに「皮疹」というぼつぼつが皮膚にできる。皮疹は数週間すると完全に治るか、色素沈着が残るだけになるが、痛みがいつまでも続く場合があり、これを帯状疱疹後神経痛という。

ヒリ、ちくちく、風が当たるだけでも痛む、服が擦《こす》れただけでも痛む、〝剣山で刺されているような〟とも表現される、そんな痛みです。

神経の痛みには、それに特化した薬がありますので、副作用に注意しながら処方します。また、神経痛は通常、体を温めるとやわらぎます。温泉の効能に「神経痛」とあるのも納得できますね。

鎮痛薬を使わない治療

鎮痛薬以外の治療法について、いくつかの例を挙げてみます。

名市大病院では、慢性痛で初めて受診する患者さん全員にアンケートをとっています。アンケート結果は、以下のような鎮痛薬以外の治療をするうえで、非常に重要な情報となります。

①心理教育（認知行動療法）

慢性痛患者さんの中には、「こだわりが強い」人がいます。このような患者さんは、「どうしてこんなに痛いのか」と痛みにこだわってしまう結果、痛み中心の生活になってしまいます。このような考え方のゆがみ（破局的思考）を補正するため、心理士が心理教育を施します。

心理教育には、「個人」でするものと「グループ」で行うものがあり、患者に合わせてメニューが組まれます。最近メディアなどで取り上げられている「マインドフルネス」[※4]

※4　**マインドフルネス**
「今、この瞬間に注意を向けて集中すること」。私たちの頭の中は、いつもいろいろなことを考えているが、ほかのことを考えず、ひとつに集中すること。

代表的なものが瞑想で、瞑想では自分の姿勢や呼吸だけに意識を向ける。食事をするときにテレビを見ず、人と会話もせず、食事のみに集中し、食材の形や食感をゆっくり味わう、というのもマインドフルネスのひとつ。マインドフルネスにより、自分の痛みを客観的に見られるようになり、ストレスに対応しやすくなるといわれている。

ンドフルネス」も、心理教育の中で使われます。NHKの番組『ガッテン!』でも取り上げられましたが、われわれの施設で行っているACT(アクト:〝痛みの受け入れ〟と〝自分が大切にすることへの意識向け〟)は、新しい認知行動療法のひとつです。

②運動療法

痛みが怖くて体を動かせない人には、どのような運動なら問題ないのか、理学療法士が指導します。身体を動かすことで痛みを感じにくくなり、さらに動けるようにもなります。適度な運動で、夜もよく眠れるようになり、体調が整います。

運動をする際は、一気にハードな運動をするのではなく、少しずつ、できることから始めます。一定のペースを保つ「ペーシング」が重要です。ペーシングしないと、痛みが悪化したり疲れたりで、長続きしません。

③うつ病の治療

アンケートの結果や心理士の診察で抑うつが見つかった場合は、精神科の先生に診察してもらいます。「うつ病」と診断されれば、その治療を開始することで、痛みがやわらぐことがあります。前述の80歳代の女性もそうでした。

④発達障害の治療

注意欠陥・多動性障害(ADHD)の患者さんでは、感覚の過敏性が現れ、そのために痛みを強く訴えることがあります。アンケートで注意欠陥・多動性障害の可能性があるという点数がでたら、精密検査をします。実際に注意欠陥・多動性障害と診断されたら、その治療をすることで、痛みがやわらぐことがあります。

⑤家族への教育

痛みは目に見えるものではありません。たとえば帯状疱疹後神経痛は、皮膚の病変が治ったあとも、ずっと痛みが続くので、家族や周りの人には痛みが伝わりにくいものです。

周りの人、特に家族から痛みを理解されないと、患者さんは「誰も痛みをわかってくれない」と落ち込みます。落ち込むとまた痛みが増すので、慢性痛患者の家族の理解を促すことも大事です。

逆に、家族が患者を過保護にしているケースもあります。患者に先回りして、何でもしてあげてしまう、たとえば靴を履かせる、すぐに車椅子にのせてしまう、掃除もやってあげるなどです。

本人ができることは、自分でさせなければいけません。そうでないと、患者さんはますます動かなくなり、時には痛みがあると周りが優しいという、「得」を実感してしまいます。そうなると痛みが治りにくくなります。

【疾病利得と疼痛行動(痛み行動)】

疾病利得(しっぺいりとく)は、痛みを訴えることで、患者が何か得をするということ。たとえば痛くて仕事を休めば、嫌いな同僚に会わずに済む、周りが気を遣ってくれるなどということ。

疼痛行動(とうつうこうどう)は、患者が痛みを表現するための行動。顔をしかめる、病院に行く、薬を飲む、仕事を休む、すぐに横になりたがる、などが挙げられる。医師は、これらの行動が本当に必要なのかについても評価する。

大切なのは、毎日を有意義に過ごせるようになること

慢性痛患者の生活の質を改善するものとして、ほかに「楽しいことをする」というのがあります。

慢性痛の患者さんの多くは、痛みのために今までやってきたこと、たとえば仕事や趣味、人づきあいをやめてしまっています。それまでやってきた仕事や趣味を痛みのため再開することが難しいのであれば、ほかに興味があることを見つけましょう、と私は患者さんにお話ししています。「できないことを数えるのではなく、できることを見つけてくださいね」と。何かに熱中して痛みのことを忘れる時間があれば、痛みにとらわれる時間は少なくなります。

慢性痛は原因を正しく見つけ、個人個人に合った対処をすれば、よくなります。大事なのは、痛みをゼロにすることではなく、「痛みはあるけれど、毎日を有意義に過ごせるようになる」ということです。いたみセンターでは、患者さん自身の取り組みを中心に、痛みへのとらわれから解放されるよう、お手伝いしています。

最近、居眠りしませんか？
～睡眠時無呼吸と循環器病のお話～

医学研究科高度医療教育研究センター　准教授
名古屋市立東部医療センター循環器内科　特別診療科部長
山下　純世

毎朝すっきり目覚めて、仕事や趣味など充実した日々を過ごしたい。皆さん誰しも願うことです。最近、大事な会議や楽しみにしていた映画の途中で、眠くなってしまったことはありませんか？もしかすると、それは体からのSOSのサインかもしれません。

睡眠時無呼吸症候群とは？

睡眠時無呼吸症候群[※1]（ＳＡＳ《サス》）とは、夜間、睡眠中に一時的に呼吸が止まったり（無呼吸[※2]）、浅くなったり（低呼吸[※3]）をくり返す病気です。睡眠時間が充分でも、眠りが浅く、夜間に何度も目が覚めるため、睡眠の質が悪くなります。その結果、疲れがとれないと感じたり、日中の眠気が強くなったりします。また、高血圧や心筋梗塞、脳卒中、心不全といった循環器病をきたすという点で、非常に重大な病気と言えます。

※**1**　Sleep Apnea Syndromeの略。

※**2**　**無呼吸**
10秒以上、呼吸の空気の流れが止まった状態を指す。

※**3**　**低呼吸**
10秒以上、呼吸の空気の流れが少なくなって、体の中の酸素が低くなった状態を指す。

睡眠時無呼吸症候群の概念は、1976年にGuilleminaultらによって提唱されました。日本では2003年に、新幹線運転士の居眠り運転による事故の原因として報道され、一般の方々にもよく知られるところとなりました。最近では、睡眠時無呼吸症候群と診断されているにもかかわらず、治療を受けずに運転をして、事故を起こした場合に法的責任を問われるなど、社会問題として取り上げられることもあります。

睡眠時無呼吸には、3つのタイプがあります。

① 呼吸をしようと胸郭や横隔膜は動いているが、鼻・口から肺への空気の通り道（上気道）がふさがって、呼吸が休止する閉塞《へいそく》性のもの
② 脳からの指令が出なくなり、呼吸のための胸郭や横隔膜の動きが止まってしまう中枢性のもの
③ ①と②の混合型

です。

最も多いのは閉塞性で、一般に睡眠時無呼吸というときには、閉塞性睡眠時無呼吸を指します。中枢性の睡眠時無呼吸は、脳卒中や心不全の患者さんに多く観察されます。混合型では、1回の無呼吸が起きるとき、その前半は中枢性で、後半には閉塞性へと変化します。ここでは、成人の閉塞性睡眠時無呼吸を中心にお話しします。

【睡眠時無呼吸と睡眠時無呼吸症候群】
睡眠時無呼吸に加えて日中の眠気などの自覚症状を伴う場合、もしくは高血圧や糖尿病などの基礎疾患を合併する場合を睡眠時無呼吸症候群という。

閉塞性睡眠時無呼吸が起こるメカニズム

閉塞性睡眠時無呼吸は、上気道の閉塞が原因となります。鼻中隔彎曲《わんきょく》症や鼻茸《はなたけ》（鼻ポリープ）、慢性副鼻腔炎、扁桃《へんとう》肥大など、耳鼻咽喉科あるいは歯科口腔外科的な問題で、気道閉塞をきたしている場合もあります。しかし、大半は、あおむけで寝た際に舌根部が落ち込むことによって、上気道が閉塞することが原因となります（図表1）。

私たちののど元（咽頭部）は、通常、食べ物を飲み込んだり声を出したりするために、開いたり閉じたり、うまい具合に動きます。

息を吸うときには、上気道内は大気圧と比べ、かなり陰圧となります。この陰圧に負けないように、のど回りのさまざまな筋肉が収縮して舌を押し上げ、上気道を拡げます。これらの筋肉のうち、最も重要な役割を果たすのが「オトガイ舌筋」です。

オトガイ舌筋の働きが鈍くなると、息を吸う際に上気道が狭くなって、胸やおなかは呼吸をしようと動いているのに、空気が肺に取り込まれず、ガス交換ができなくなります。これが閉塞性睡眠時無呼吸です。

図表1

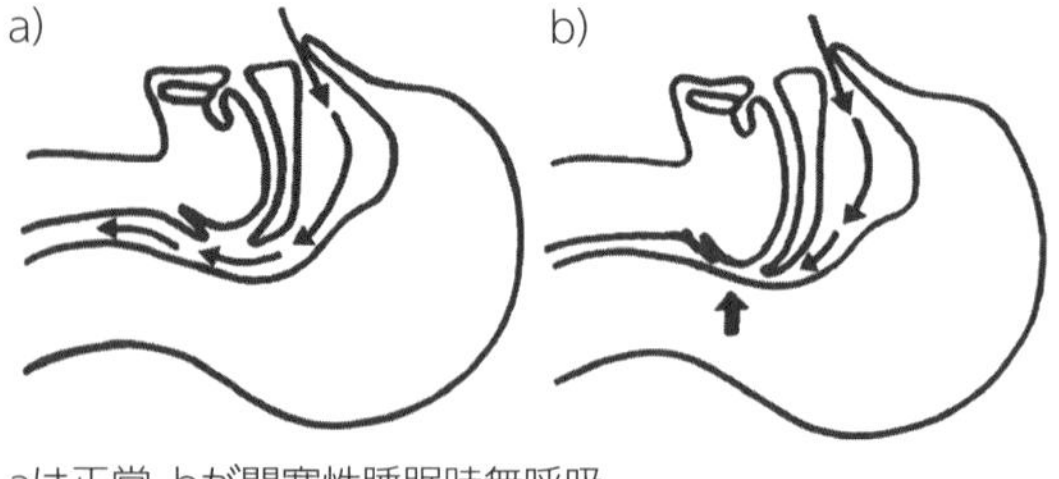

aは正常、bが閉塞性睡眠時無呼吸。
舌根部が後方に落ち込んで、上気道がふさがれている。

どんな人が睡眠時無呼吸になりやすい？

閉塞性睡眠時無呼吸の最大の危険因子は肥満です。のど回りに脂肪が多くなると、あおむけで寝たときに舌のつけ根が後方に落ち込み、気道が狭くなって、無呼吸をきたします。

また、あごが小さく、下あごが後ろに下がっている人は、肥満でなくても気道が狭くなりがちです。日本人にはこのような特徴を持つ方が多く、注意を要します。飲酒はさらに、睡眠時無呼吸を悪化させることが知られています。

睡眠時無呼吸はさまざまな年代で見られますが、一般的に、加齢に伴って増加します。女性より男性に多く起こりますが、年齢とともに男女差は小さくなります。睡眠時無呼吸の患者数は、これまで考えられていたよりも多いことがわかってきました。50歳代の女性では10％弱、男性では10～20％程度とされています。特に高血圧や糖尿病などの生活習慣病や、狭心症・心筋梗塞、脳卒中、心不全、心房細動を持つ患者さんは、高頻度で睡眠時無呼吸症候群を合併します。

中でも高血圧との合併率は高く、閉塞性睡眠時無呼吸の患者さんの50％に高血圧があり、逆に高血圧患者さんの30％に閉塞性睡眠時無呼吸がみられます。治療抵抗性高血圧[※4]や夜間高血圧、早朝高血圧がある場合には、睡眠時無呼吸症候群が潜んでいる可能性を考えて、調べることが必要です。

※4 **治療抵抗性高血圧**
高血圧のうち、利尿薬を含む3剤以上の、作用機序の異なる降圧薬を服用しても、血圧が目標値まで下がらないもの。

なぜ睡眠時無呼吸と循環器病は関わりが深いのか？

睡眠時無呼吸は、寝ている間にくり返し起こります。

閉塞性睡眠時無呼吸では、上気道が閉塞しても、胸や横隔膜は動いて肺を膨らませようとするので、胸の中には強い陰圧がかかります。これは、全身に血液を送り出そうとする心臓にとって、大きな負荷となります。また、全身の静脈から心臓に戻ってくる血液の量が増えるため、心臓に負担がかかります。こうしたことから、心臓の働きが弱くなったり、心不全をきたしたりするのです。

一方、ひとたび心不全を発症すると、上気道の周りにむくみが生じて、閉塞性睡眠時無呼吸が悪化することがわかっています。つまり、無呼吸と心不全の悪循環が起きるのです。

無呼吸により肺でガス交換ができなくなると、低酸素血症や高二酸化炭素血症をきたします。また、眠っている間に何度も目を覚ますことで、交感神経の緊張度が高まります。交感神経の働きが強くなると、血管のしなやかさが失われ、血管がリラックスせず収縮の方向に傾くため、血圧が上がります。夜間の血圧が高くなると、心臓の筋肉の壁が肥大したり、腎臓が悪くなったりします。その結果、脳卒中や心筋梗塞、心不全などの循環器病を発症しやすくなると考えられています。

図表2　無呼吸と心不全の悪循環

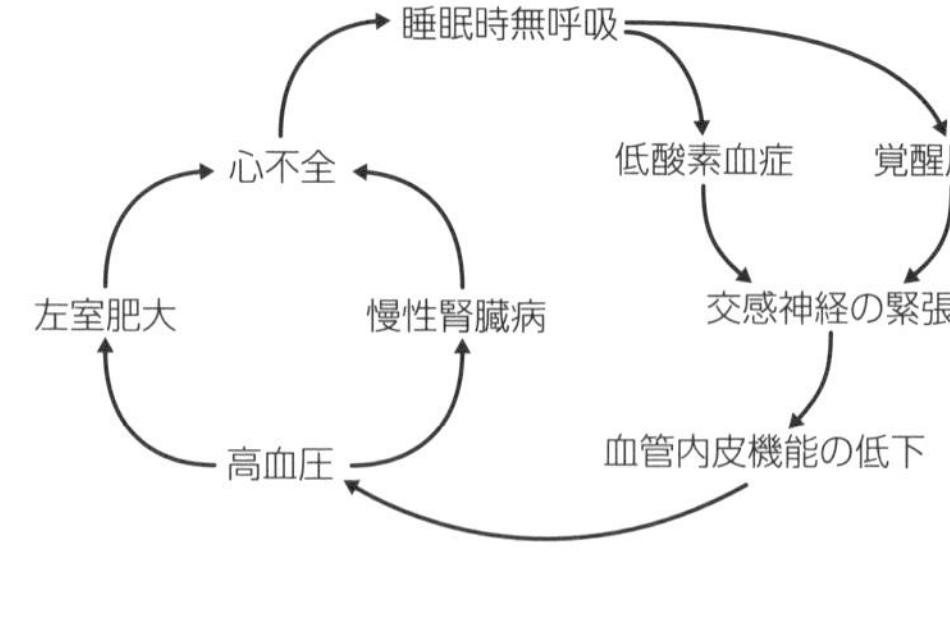

【睡眠中に呼吸が止まって死んでしまうことはないの？】

睡眠時無呼吸が起きても、必ず呼吸は戻ります。睡眠時無呼吸自体が死に直結することはありません。しかし、循環器病による突然死は起こり得ます。

どんなときに睡眠時無呼吸を疑うか？

①朝起きたときに頭が重い、日中眠くなる、ぼんやりして集中力がない、倦怠感が強い、イライラする、夜ぐっすり眠れない、度々トイレに起きる、などの自覚症状がある。
②息が詰まったような感じや、あえぎ呼吸で目が覚める。
③一緒に寝ている家族から、毎晩大きないびきをかく、ときどき呼吸が止まっている、と指摘される。
④高血圧、狭心症や心筋梗塞、脳卒中、心不全、心房細動[※5]、糖尿病、気分障害[※6]、認知症と診断されている。
①〜④のいずれかに当てはまる方は、睡眠時無呼吸の検査を受けることをお勧めします。

1時間あたりの無呼吸・低呼吸の数（AHI）が5回以上ある場合には、睡眠時無呼吸症候群と診断されます。AHIが15以上と判定された場合には、自他覚症状がなくても、睡眠時無呼吸症候群と診断できます。

睡眠時無呼吸症候群の患者さんは、上記①〜③のような症状を持つことが多いのですが、それだけで診断をつけることはできません。④のような方は、自覚症状がなくとも、睡眠時無呼吸が起きている可能性があります。

※5　心房細動
不整脈の一種で、脈が不規則になるもの。心不全や脳梗塞の原因となり得る。

※6　気分障害
うつ病や躁病、あるいは、その両方を示す感情の障害。

睡眠時無呼吸の検査はどのようなもの？

睡眠時無呼吸を診断するためには、一泊入院で終夜睡眠ポリグラフ検査（ＰＳＧ：Polysomnography）を行います。自宅でできる簡易型検査もあります。それぞれについてご紹介します。

〈終夜睡眠ポリグラフ検査（ＰＳＧ）〉

鼻口につける気流センサー、呼吸努力を見る胸部と腹部のベルト、パルスオキシメータ（体内の酸素飽和度を測る）、脳波、眼球運動を見る眼電図、オトガイ筋電図、心電図のほか、いびき音を拾うマイク、足の筋電図などを一晩装着して眠ります。得られたデータから、無呼吸の重症度と型（閉塞性、中枢性、混合型）、低呼吸を正確に判定できます。

睡眠の深さや覚醒反応についても評価することが可能で、睡眠時無呼吸を調べるゴールドスタンダードといえます。ただし、簡易検査と比べると、費用がかかります（３割負担の場合、５万円前後）。

〈簡易型検査〉

あらかじめ機器の装着方法について説明を受け、自宅で就寝前に、ご自身でセンサー類（鼻の穴からの気流センサー、パルスオキシメータ、呼吸努力をみる上

簡易型検査

精密型PSG

腹部ベルト）を装着します。

普段通りの生活環境のもとで検査できる点はメリットですが、睡眠時間を測定できないため、睡眠時無呼吸の重症度を低く評価してしまう可能性があります。また、センサーの数が少なく、呼吸努力（胸や横隔膜の動き）があるかどうかを正確に把握することができないため、中枢性睡眠時無呼吸の診断には向きません。

睡眠時無呼吸の治療法

肥満がある方では、体重を落とすことが重要です。減量により、睡眠時無呼吸の改善が期待できますし、高血圧のある方では降圧効果も得られますので、食事や運動など生活習慣の見直しを行います。

高度の肥満症（BMI[※7]35kg／㎡以上）があり、高血圧、糖尿病、脂質異常症、睡眠時無呼吸症候群のうちひとつ以上を合併している患者さんでは、6か月以上内科的治療を続けても充分な効果が得られない場合、減量手術（内視鏡下スリーブ状胃切除術）の保険適応となります。飲酒の習慣がある場合には、禁酒をお勧めします。

また、閉塞性睡眠時無呼吸はあおむけの姿勢で起こりやすくなります。PSGの結果、横向きで無呼吸が少なくなることが確認された場合には、できるだけ横向きで休むようにするのがよいでしょう。横向きの姿勢をとりやすくする補助具（背枕、抱き枕）を用いるのもひとつの方法です。

※7　BMI
Body Mass Indexのこと。体重（kg）を身長（m）の2乗で割った数。

装置を使った治療

簡易モニターで算出したＡＨＩが40以上、あるいは精密型ＰＳＧにてＡＨＩが20以上の場合には、持続陽圧呼吸（ＣＰＡＰ《シーパップ》）の保険適応となります。ＣＰＡＰは持続的に空気を送り続けることにより、上気道の閉塞を予防するもので、現在欧米や日本で最も普及している治療法です。ぴったり密着する鼻マスク（あるいは鼻口マスク）をつけ、枕元に置いた器械からチューブをつなげて寝ます。

器械の操作は簡単で、慣れればマスクの装着も難しくありません。診断結果を受けて、ＣＰＡＰを希望された場合には、機器の説明、マスク装着練習を行い、その日の夜から治療を開始することができます。

ＣＰＡＰで肺に送り込む空気の圧を適正に調整するためには、ＣＰＡＰを装着しながら精密型ＰＳＧを行います（ＣＰＡＰタイトレーション）。最近のＣＰＡＰ機器は、情報通信機能を備えており、自宅に置いておくだけで、病院から医師が治療状況を確認することが可能となっています（遠隔モニタリング）。

ＣＰＡＰを毎晩４時間以上使用することで、日中の眠気が改善し、交通事故を起こす危険性が下がります。また、血圧が下がり、循環器病のリスクが減ることが期待できます。

CPAPマスクを装着したところ

CPAP治療を考えるうえで問題となるのは、CPAPが対症療法であるため、治療を中断すれば、また睡眠時無呼吸が再発する、という点です。すなわち、一定の効果が得られた後に治療を終了できるものではなく、継続しなければなりません。

副作用には、重篤なものはありません。起こり得るのは、空気圧による違和感、鼻やのどの乾燥感、マスクが当たる部位の皮膚のただれや目の違和感などです。

それでもCPAPを続けることが難しい場合や、保険適応とならない軽症例では、口腔内装置（マウスピース）による治療を検討します。マウスピースを寝ている間に装着すると、下あごが少し前に出るような形で固定されるため、舌根が落ち込んで上気道が閉塞するのを防いでくれます。重症例ではCPAPと比べると若干治療効果が低い場合もありますが、小さい装置なので持ち運びしやすく、出張や旅行の際には便利です。

ただし、ご自身の歯が少ないと、この治療は受けられません。治療可能な歯科口腔外科も限られていますので、かかりつけ医にてご相談ください。

手術による治療

鼻中隔弯曲症や鼻茸、慢性副鼻腔炎（蓄膿《ちくのう》症）、扁桃肥大など耳鼻咽喉科的な問題で気道の閉塞をきたしている場合には、それらの手術治療が検討されます。

手術の必要がない場合でも、鼻づまりが強いときには、点鼻薬や内服薬による治

写真1　マウスピース

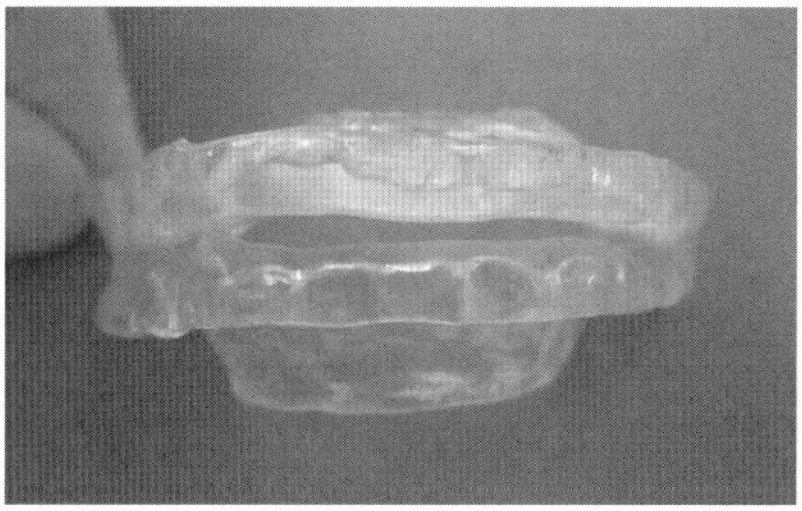

写真2　マウスピースを装着したところ

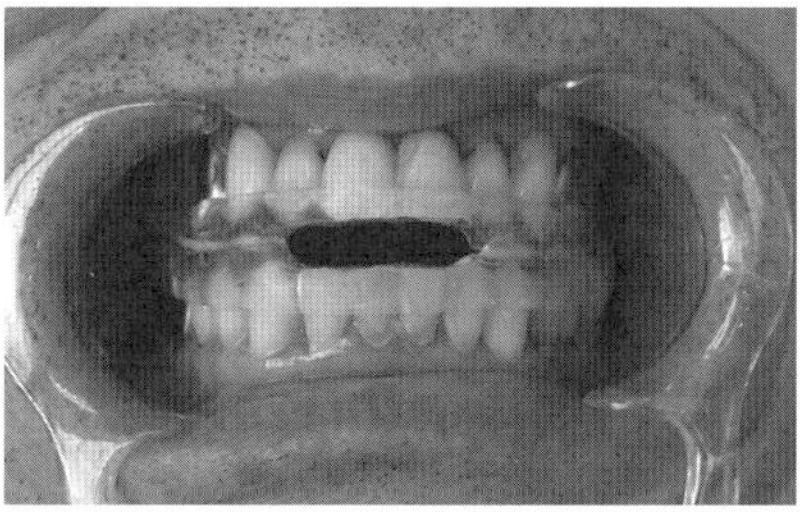

（名古屋市立東部医療センター　歯科部長　則武正基提供）

療を行います。

CPAPもマウスピース治療もできない場合には、次のような治療法が検討されますが、治療を行える病院は限られます。

①顎顔面形成術：あごの骨を切って前方にずらす手術。

②植込み型舌下神経電気刺激療法：息を吸うタイミングに合わせて舌下神経を刺激すると、オトガイ舌筋の収縮により舌が前方に出ることを利用して、上気道が閉塞するのを防ぐ治療法。呼吸を感知する電極と、舌下神経を刺激する電極、電池を、胸の皮下に埋め込む手術が必要です。

日中の眠気は、単なる睡眠不足や疲れではなく、睡眠時無呼吸症候群の症状の現れかもしれません。睡眠時無呼吸は、高血圧と深く関わり、いつか循環器病を引き起こしかねない病気です。早期に発見し、適切な治療を継続することが重要です。

心当たりがあれば、一度かかりつけ医にご相談されることをお勧めします。よい眠りを手に入れて、皆さまが健やかな毎日を過ごせますように。

【よい眠りのためにできること】

①朝起きたら、陽の光を浴びる。
②お昼寝は30分以内に。
③夕食は早めに済ませる。
④寝る前のスマホ、パソコン、テレビは控える。
⑤寝る前に軽いストレッチをする。
⑥部屋の照明は落として、適温に。
⑦眠らなければ、と考えすぎない。

高齢者の目の病気：加齢黄《おう》斑《はん》変性

医学研究科視覚科学　准教授　安川　力

人間は、日常生活を送るために重要な情報の約8割を眼から得ています。老後を健やかに過ごすためには、眼を大切にしたいもの。特に誰もがなり得る「加齢黄斑変性」には注意が必要です。

高齢者の目の病気

この記事の最後に、高齢者の目の病気で重要なものをまとめています。身体障害の原因となる目の病気の第1位は「緑内障」、2位は遺伝性の病気である「網膜色素変性症」、3位が「糖尿病網膜症」で、4位が「加齢黄斑変性」です。緑内障、糖尿病網膜症、加齢黄斑変性で視力や視野に出た異常は元通りには治りにくく、予防や早期の発見・治療が重要です。

特に、見たいところが見えなくなってしまう加齢黄斑変性は、50歳以上の誰もが突然発症する可能性があります。その病態、原因、治療法、そして、早いうち

図表1　眼球の構造および黄斑

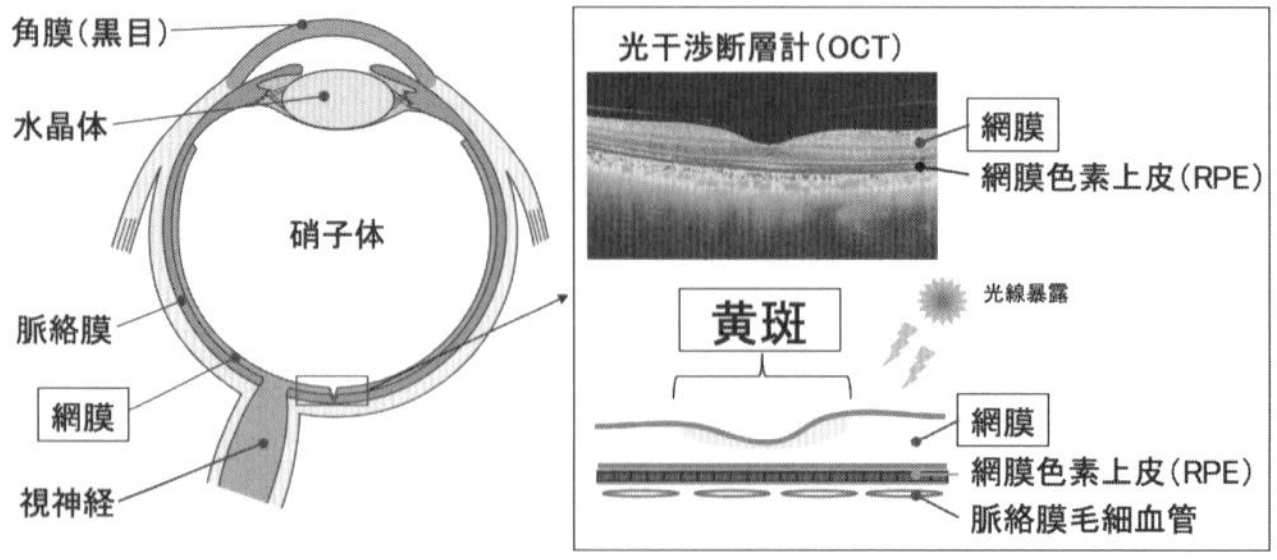

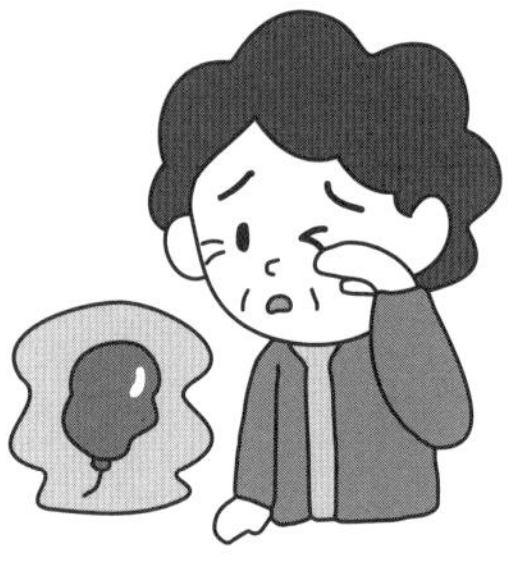

からの日常の予防の大切さについてお話ししていきましょう。

加齢黄斑変性はどんな病気?

加齢黄斑変性は、網膜の中心にある「黄斑」の病気です。

眼球はよくカメラにたとえられますが、カメラのフィルムに相当する部分が「網膜」で、その中心が「黄斑」です。障害が起きれば、見たいものが見えなくなります。

50歳以上の約70人に1人が発症します。初期には見たいものがゆがんだり、色が違って見えたりします。進行すると徐々に視力が低下し、放置すると視野の中心部が見えないままになります。

加齢で眼がメタボに!?

加齢黄斑変性の最大の原因は「加齢」です。

網膜にある視細胞の先端部は、光を浴びると日焼けするため、肌同様、常に新しく再生されます。

ただ、垢《あか》のようにシャワーで洗い流すわけにはいきません。網膜のお掃除は、視細胞の外側にある「網膜色素上皮（RPE）」という細胞が行います。古くなった視細胞の先端部の細胞膜を食べて、きれいにします。

図表2　加齢黄斑変性の症状

【初期症状】見たいところがゆがんで見える　**【進行すると…】見たいところが見えない**

「眼球」は光を電気信号に変えて脳に伝える。しばしば「カメラ」にたとえられるが、表面のいわば光の窓口になる黒目の部分が「角膜」。その後方にある「虹彩」はカメラの絞りの役割を果たし、瞳孔の大きさを変えて眼内に入る光の量を調整する。虹彩の後ろには、ピントを合わせるレンズ「水晶体」がある。

眼球の内側には、フィルムの役目をする「網膜」が存在する。網膜は脳神経の一部であり、網膜にある視細胞が光を受け取り電気信号に変えて、同じ網膜内の双極細胞、神経節細胞に信号を伝えた後、神経節細胞から伸びた線維の束が「視神経」となって脳にシグナルを伝える。

ところが細胞膜は脂《あぶら》（リン脂質とコレステロール）でできていて、光を浴びると過酸化脂質などに変性します。ＲＰＥ細胞はこれを消化しきれず、生後まもなくから「リポフスチン」と呼ばれる残りかすが溜まっていきます。

30歳頃には、ＲＰＥ細胞内がリポフスチンでパンパンになります。そこでＲＰＥの下にも脂が溜まり始めます。加齢とともに脂は溜まり続け、「眼のメタボ」のような状態になります。ＲＰＥ細胞の下の脂も酸化し、「フリーラジカル」と呼ばれる酸化を促す物質がますます増えて周囲に影響を与え、いよいよ問題が起きてきます。

眼底検査で、ＲＰＥが部分的に萎縮した「色素上皮異常」や、局所的に脂が溜まってできる黄色いかたまり「ドルーゼン」が観察されたり、ＲＰＥが下にある「ブルッフ膜」からはがれて「色素上皮剥離《はくり》」になったりすると、加齢黄斑変性の「前駆病変」と診断され、発症リスクが高まります。

50歳以上の約7人に1人がこのリスクを抱えています。他人事ではありません。

2種類の加齢黄斑変性

ＲＰＥ細胞の下に溜まった脂を排除しようとして、40代以降、慢性的な炎症が起きやすくなります。過剰反応として、黄斑の下（外側）の「脈絡膜」と呼ばれる組織から「異常血管（新生血管）」が発生するのが、「滲出型《しんしゅつ》」の加齢黄斑変性

図表3　加齢黄斑変性の前駆病変

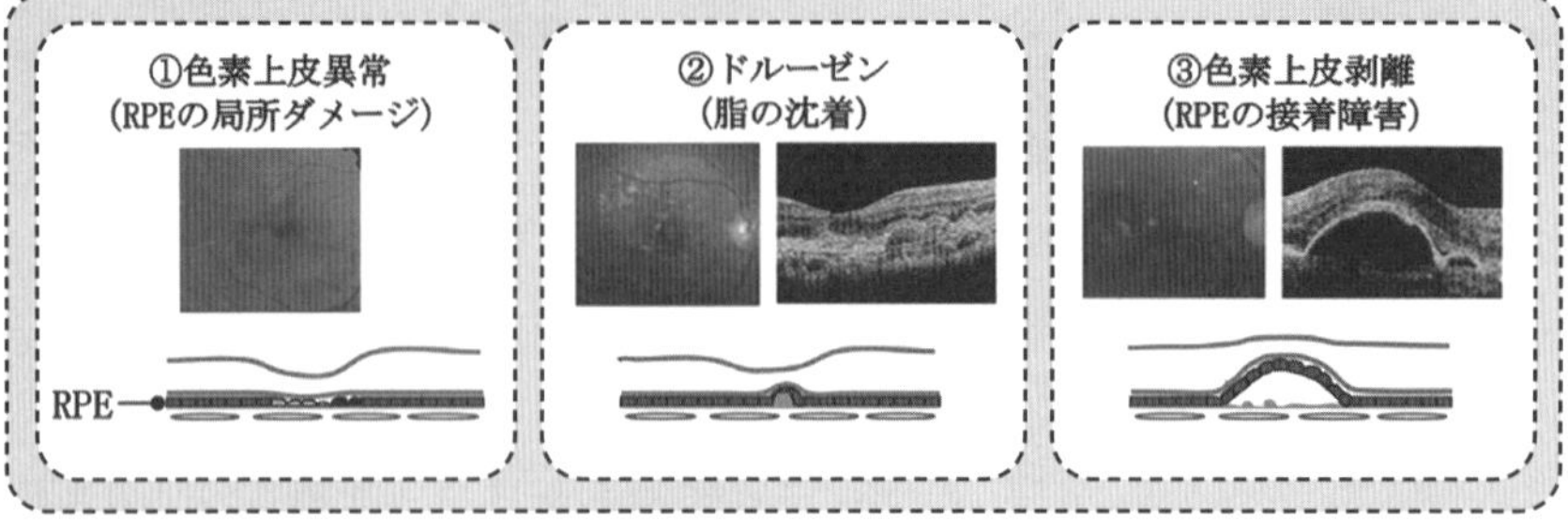

で、日本ではこのタイプが多いです。もろい新生血管からは、血液の液体成分が漏れやすく、しばしば出血を引き起こします。

一方、ＲＰＥ細胞が弱りすぎて脈絡膜の毛細血管が逆に萎縮《いしゅく》して起こるのが「萎縮型」の加齢黄斑変性。前述のように、視細胞の先端のお掃除役のＲＰＥ細胞と、栄養補給役の血管の萎縮が重なって、視細胞も徐々に萎縮していきます。萎縮型は、メラニンが少なくて光の影響を受けやすい欧米人に多く、徐々に視力が低下し、最終的には視野の中心部が見えなくなります。

現在は治療法がありませんが、２０１４年に理化学研究所で世界初の試みとして、患者自身のｉＰＳ細胞由来のＲＰＥ細胞シート移植が行われました。このような「細胞補充療法（再生医療）」の開発が待たれています。

タバコやスマホが加齢黄斑変性の原因に！

加齢以外で判明している確実なリスクが「喫煙」。喫煙者はリスクが3、4倍高まります。

ニコチンなどのタバコに含まれる有害物質は、全身に酸化産物をつくり、眼にも悪影響が出ます。過去の喫煙歴も病気の発症に関連しますので、まずは吸わないことです。

それでも禁煙して5～10年すれば、かなりの差が出てきます。前述のように加

図表4　加齢黄斑変性

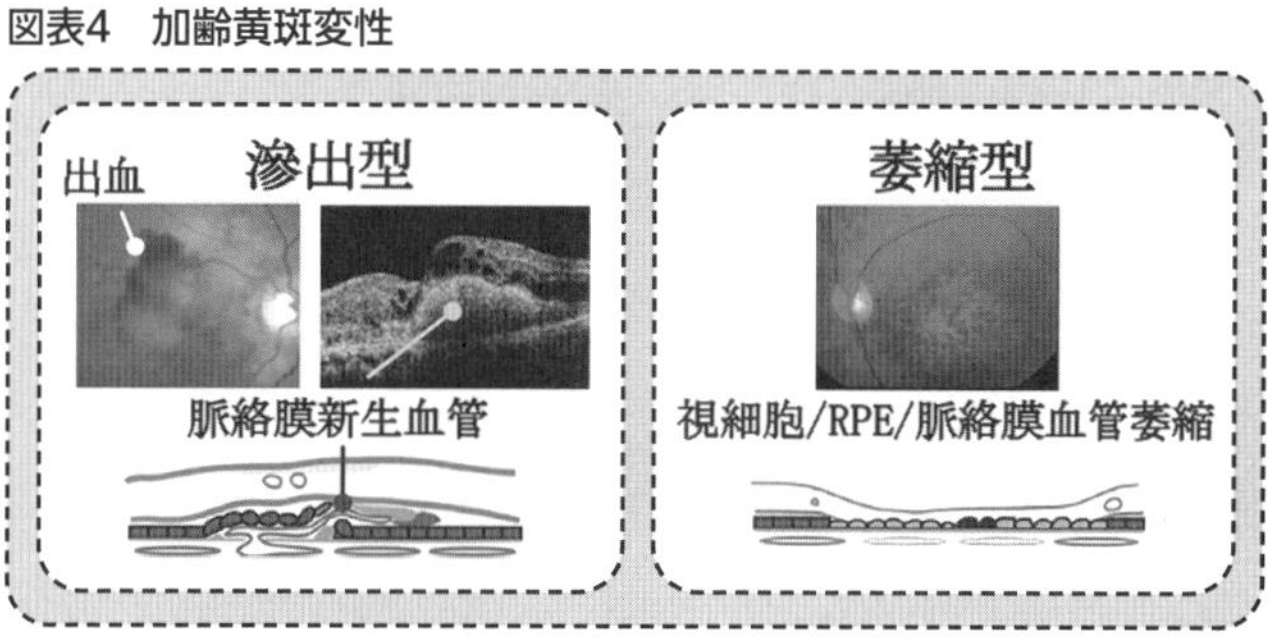

齢そのものがリスクで、加齢黄斑変性は85歳ぐらいまでリスクが上がり続けるので、60代で片眼が発症してしまったヘビースモーカーの患者さんであれば、喫煙を続けると、今後20年ほどはさらにリスクが上がり続けることになります。80歳になった頃に、「もう片眼が大丈夫だから安心だね」と笑顔で経過観察できることを切に願います。

光が眼の加齢変化に関与していることから、屋外ではサングラスや帽子で日光を防ぐことがオススメです。サングラスのレンズの色は、黄色か、黒、茶色、赤色辺り（青以外）で濃いめのものが推奨されますが、運転時にはトンネル内で危なくないものにしましょう。

室内でも、テレビやコンピュータを見るときは、部屋全体を明るくしましょう。瞳が縮んで、黄斑部に当たる光が抑えられます。暗がりでのテレビ鑑賞やスマートフォンの使用は控えましょう。

高血圧も、加齢黄斑変性の発症につながります。肥満は脂質の沈着に、間接的に関わります。生活習慣病の対策をして、適度な運動を心がけることは、眼の健康のためにも重要です。

進歩した加齢黄斑変性の治療

長い間治りにくい眼病とされてきた加齢黄斑変性ですが、21世紀以降、２つの

図表5　OCTで見た正常の網膜とRPE

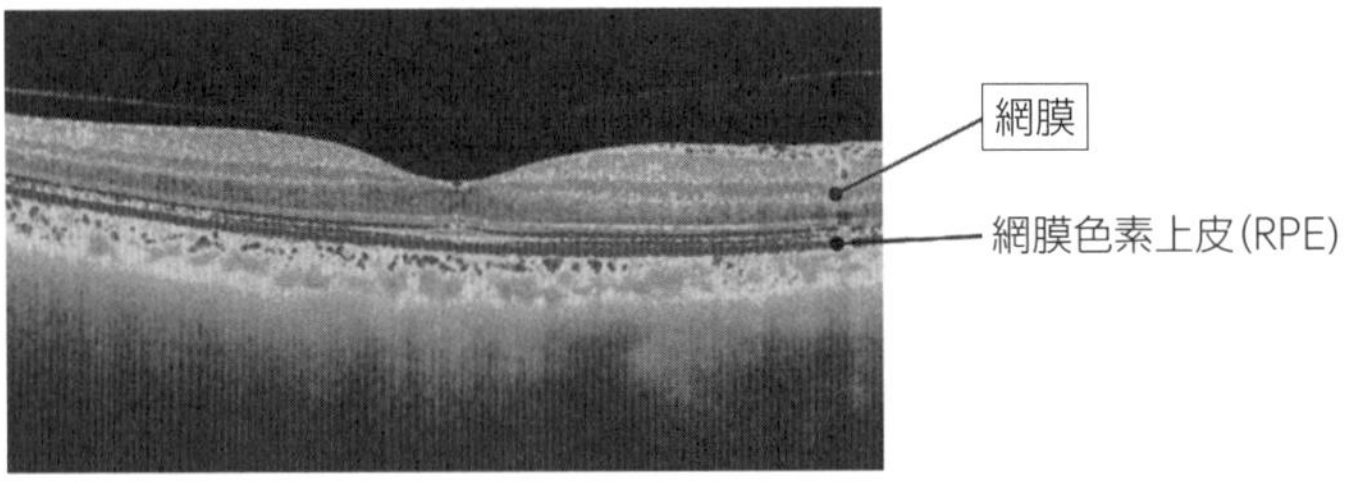

革新的な進歩が起こり、治療成績が大幅に向上しました。

1つ目は、「光干渉断層計（ＯＣＴ）」という機器の登場です。網膜の断層像を見ることができる装置で、ＭＲＩやＣＴよりも解像度が優れています。まるで顕微鏡で観察するように、網膜の細かな構造変化を観察することができます。

これまでは自覚症状でしか診断できませんでしたが、ＯＣＴで治療のタイミングや効果の判断が正確かつ速やかにできるようになりました。

2つ目は抗体医薬など、タンパク製剤の登場で、病気の原因となる物質に直接結合して働きを抑える「分子標的療法」が可能になったこと。加齢黄斑変性では、新生血管を誘導するタンパク質「血管内皮増殖因子（ＶＥＧＦ）」に結合し働きを抑える「ＶＥＧＦ阻害薬」が製品化され、08年に眼内注射が承認されました。

04年に国内で認可された「光線力学的療法（ＰＤＴ）」も滲出型には有効で、ＶＥＧＦ阻害薬が効きにくい場合には、この治療が選択されます。脳梗塞の既往歴や糖尿病がある場合も、ＶＥＧＦ阻害薬の使用は要注意です。

ＰＤＴでは、新生血管の周囲に集まる「光感受性物質」を点滴し、病変部位に遠赤外光を83秒間照射します。遠赤外光に光感受性物質が反応し、生じた活性酸素が新生血管を攻撃します。

簡便で、強い効果のある治療法ですが、新生血管からの出血を誘発したり、病変拡大、ＲＰＥの萎縮を助長したりする可能性もあり、より影響の少ないＶＥＧＦ阻害療法が、現在は主流です。

図表6　加齢黄斑変性の治療

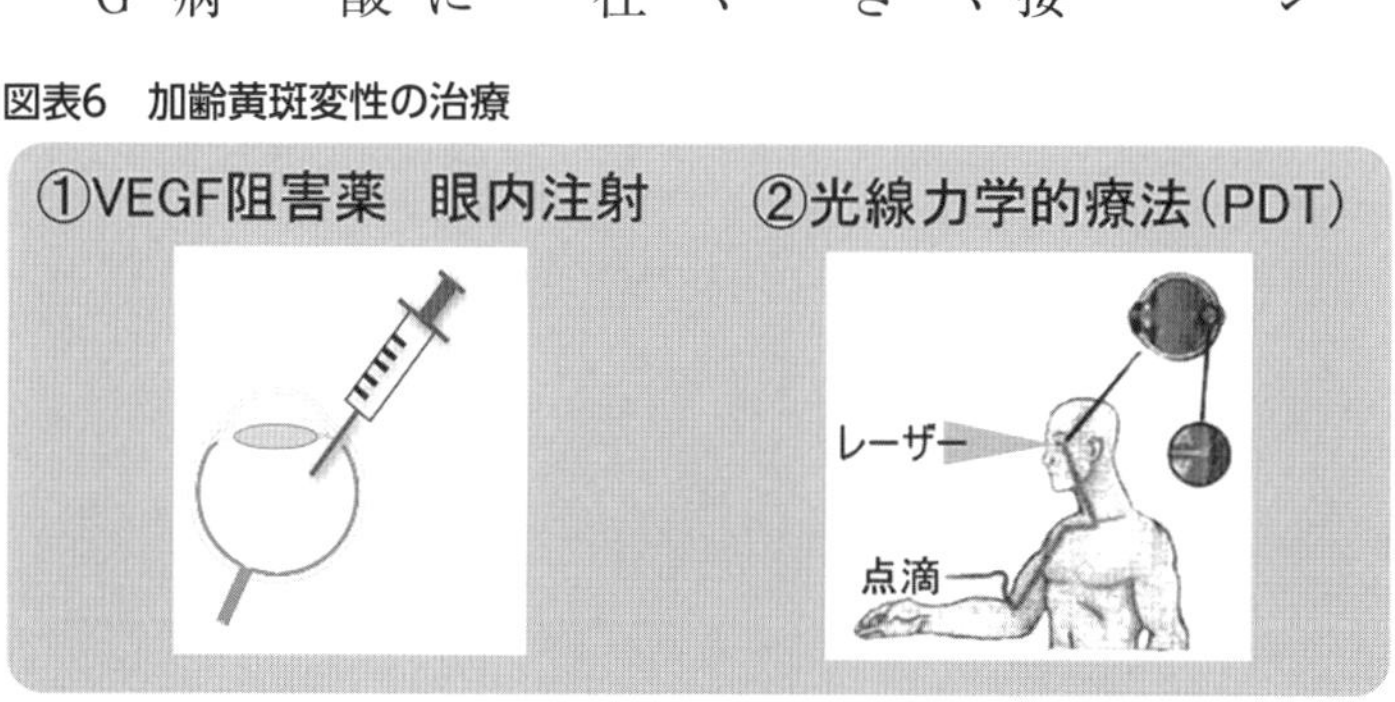

しかしいずれの治療法でも、視力が低下してしまうことがあります。治療が長引けば、その間にさらなる加齢変化が起こりますし、治療のしすぎでＲＰＥ細胞の萎縮が進み、萎縮型の加齢黄斑変性と同じように、視力が下がってしまうこともあります。

セルフチェックで早期発見！

加齢黄斑変性は通常、片眼がまず発症します。両眼で見ていると気づくのが遅れることがあるので、日頃から片眼ずつ、方眼紙など格子状のもの（カレンダーや障子でもＯＫ）の真ん中を凝視し、周りがゆがんだり、色が違って見えたりしないかチェックする習慣をつけましょう。片眼ずつチェックするのが重要です。見え方がおかしいと感じたら、まずは眼科を受診しましょう。

眼は２つあります。片眼が加齢黄斑変性になると、医師も患者も悪くなった眼を治療することに意識が集中しがちですが、いいほうの眼を守ることを考えるのも、重要なこと。片眼に問題がなければ、もう一方の眼が失明していても、運転免許は更新できます。

一番に意識すべきは予防です。２、３割の患者さんは両眼に異常が起こりますので、よい方の目の発症を防ぐ、両眼で発症したとしても黄斑部の萎縮を遅らせ、再発を防ぐことが大切です。

予防には緑黄色野菜やサプリが有効！

加齢黄斑変性の原因は酸化ストレス。よって、抗酸化作用のあるビタミンやミネラルを摂取することが大切です。日焼けしたお肌にはビタミンCがよいように、光を浴びた眼にもビタミンが有効です。

米国の大規模な臨床研究から、ビタミンC・ビタミンE・ルテインやゼアキサンチン（黄斑部の黄色色素）・亜鉛を含むサプリメントが、もっとも予防効果に優れることが判明しました。どれか1つを摂るのではなく、これらをまとめて摂取することが大切で、5年間の調査で25%の予防効果、つまり4人に1人は発症が抑えられたと報告されています。

10年、20年継続してサプリを摂取している人と、そうでない人では差が出ます。

これらの成分は、緑黄色野菜（ほうれん草やブロッコリーなど）から摂取可能です。普通のおかずの量で十分で、まめに1、2品、献立に加えることをお勧めします。

緑黄色野菜をこまめに摂取できない方には、サプリメントがありますが、効果は医薬品レベルの確かなデータに基づくものに限られます。具体的な国内商品を挙げれば、オプティエイドML（わかもと製薬）、サンテルタックス20V（参天製薬）、プリザービジョン2（ボシュロム・ジャパン）がこれに該当します。

図表7　加齢黄斑変性の予防に心がけたいこと

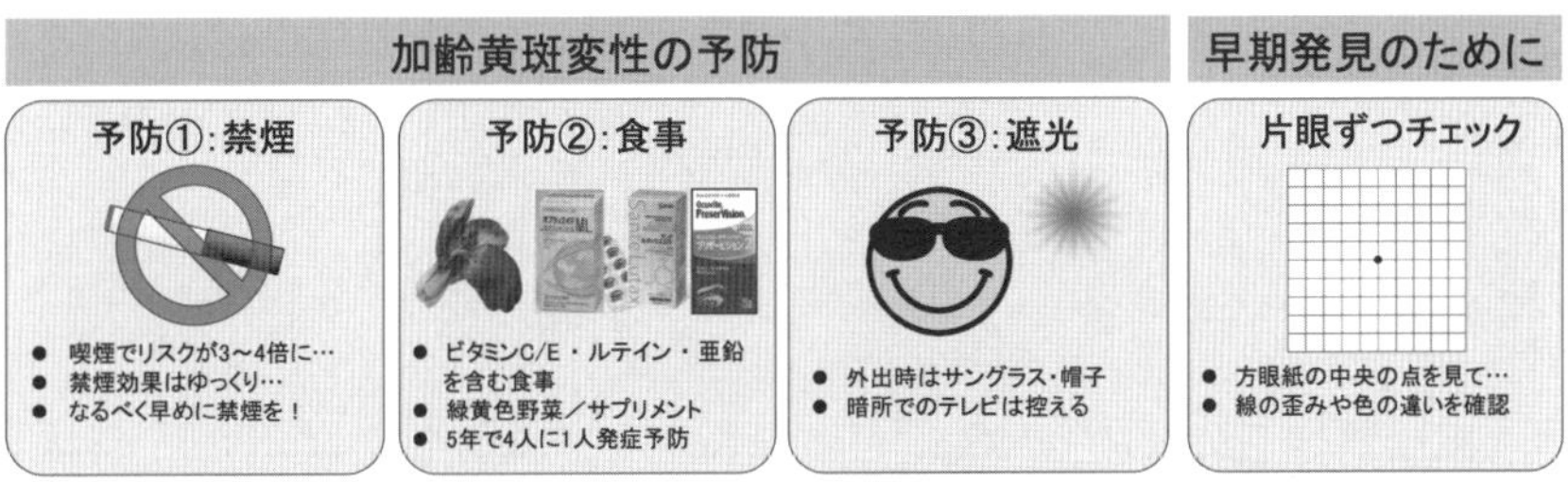
加齢黄斑変性の予防
早期発見のために
予防①：禁煙
● 喫煙でリスクが3〜4倍に…
● 禁煙効果はゆっくり…
● なるべく早めに禁煙を！
予防②：食事
● ビタミンC/E・ルテイン・亜鉛を含む食事
● 緑黄色野菜／サプリメント
● 5年で4人に1人発症予防
予防③：遮光
● 外出時はサングラス・帽子
● 暗所でのテレビは控える
片眼ずつチェック
● 方眼紙の中央の点を見て…
● 線の歪みや色の違いを確認

サプリは届け出のみで、簡単に商品化できます。配合剤でも含有量が少ないものや、ルテイン単体では効果は得られません。注意してください。

老後の生活を豊かなものにするためにも、眼が生涯、健やかでありますように！

図表8　高齢者に多い眼の病気

部位	病名	症状
まぶた	脂漏性眼瞼縁炎	まつ毛の目ヤニ
	睫毛乱生《しょうもうらんせい》	異物感
	眼瞼《がんけん》内反症	異物感、涙目
	眼瞼下垂	まぶたの下がり
眼の表面	細菌性結膜炎	目ヤニ、充血
	アレルギー性結膜炎	かゆみ
	ドライアイ	乾き目、異物感、かすみ
	鼻涙管閉塞《びるいかんへいそく》	涙目
水晶体	老眼	近くが見えない
	白内障	かすみ、眩しさ、視力低下
眼内の水の循環（眼圧）	緑内障	無症状〜視野欠損
網膜	糖尿病網膜症	無症状〜様々な視覚障害
	加齢黄斑変性	見たいものが歪む、見えない

コラム
Column
2

スマートコンタクトレンズ

医学研究科講師　野崎 実穂

私は外来で、緑内障や糖尿病の患者さんをたくさん診察しています。

今年は、新型コロナウィルス流行による自粛中に、血糖コントロールが悪くなった糖尿病の患者さんが多くいらっしゃいました。緑内障の治療では、眼圧を下げる点眼薬を正しく使用していただくことが重要です。趣味の旅行ができなくなったことにより、規則正しく点眼できるようになり、眼圧が良好に、視野検査の進行もなし、という患者さんもおられました。しかし、外来受診を控えてしまい、しばらくぶりの受診で、眼圧が上がり、視野障害も進行してしまっていた方もいらっしゃいました。

血糖値は自分でチェックできる器具が広まっています。眼圧は自分で測れる機械もありますが、高価で操作が難しく、まだ実用的ではありません。

最近、眼圧を24時間測定できるコンタクトレンズが登場しました。このコンタクトレンズもまだかなり高価ですが、将来さらに進化すれば、眼圧測定が難しい赤ちゃんや、医療機関に簡単にアクセスできない患者さんにとっての朗報となるでしょう。

血糖を測定できる“スマートコンタクトレンズ”も研究が進んでいます。たとえば、まだ患者さんに使用できる段階ではありませんが、涙に含まれるグルコース（糖）の値を測定し、血糖が高いと判断するとレンズに埋め込まれた薬剤が放出される、というものが開発されています。

コンタクトレンズは、今や近視の矯正をするだけではありません。体の情報を得るために装着される、最小のデバイスとして注目されています。

歩行障害や認知症が手術で治る!?（正常圧水頭症）

医学研究科脳神経外科学　教授　間瀬　光人

頭の中に溜まった水のせいで、歩行障害や認知症のような症状が出ることがあります。手術で改善することができますので、脳ドックなどで脳の状態をチェックすることが勧められます。

脳を守る髄液と、髄液が多すぎて起こる水頭症

脳は頭蓋骨の中にどのように収まっているか、ご存じですか？

もしも脳が頭蓋骨の中にポコッと直接置かれていたら、脳は人が歩くたびに振動で頭蓋骨にぶつかって、徐々に崩れてしまうでしょう。それでは困ります。

そうならないように、脳は「くも膜」という膜に包まれ、さらにくも膜と脳の間（「くも膜下腔」といいます）は「髄液」という液体で満たされています（図表1）。つまり、脳はスーパーで売られているパック詰めの豆腐のように、髄液の中に浮いた状態なのです。

図表1　脳は髄液の中に浮かんだ状態

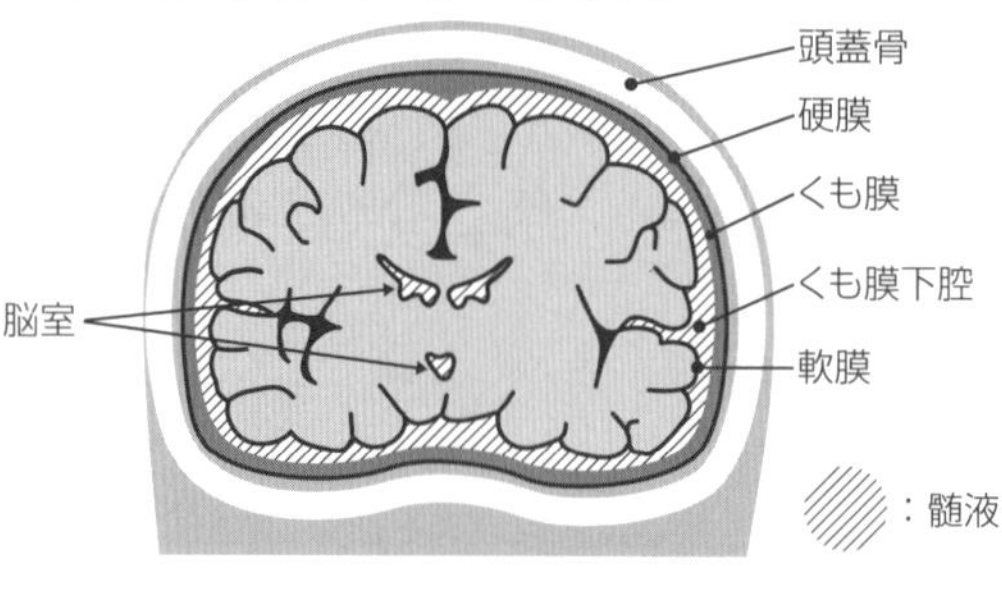

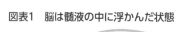

髄液の役割は、このように脳への衝撃を分散して弱めることにより、脳を保護するだけではありません。脳内の老廃物を集めて排せつしたり、逆に脳に必要な物質を届けたりしています。髄液は脳の内側にもあり、脳内環境を効率よく、よい状態に維持するはたらきを持っています。脳の内側の、髄液の溜まった場所を「脳室」といいます。

この脳室やくも膜下腔に、異常に大量の髄液が溜まってしまう病気が「水頭症」です。[※1] 原因はいろいろですが、髄液が溜まると頭蓋内圧（頭の中の圧力）が上昇します。頭蓋内圧が上昇すると、水頭症に限らず、症状として頭痛と吐き気が起こります。

水頭症ではまた、増えた髄液によって、脳室やくも膜下腔が拡大します（図表2）。

年齢のせいと見過ごされてしまう、特発性正常圧水頭症

1965年、AdamsとHakimらは、脳室が拡大しているのに頭蓋内圧が正常で、歩行障害・認知障害・排尿障害（尿失禁）という3つの特徴的な症状がある病気を発見しました。髄液が増え、脳室が拡大しているのに、頭痛も吐き気もない、ちょっと変わった水頭症です。「髄液シャント手術」という手術をすれば、症状が劇的に改善するこの病気は、「正常圧水頭症」と名づけられました。

正常圧水頭症は、髄膜炎やくも膜下出血などに引き続いて起こるもの（二次性）

図表2　正常な脳と水頭症の脳のCT画像

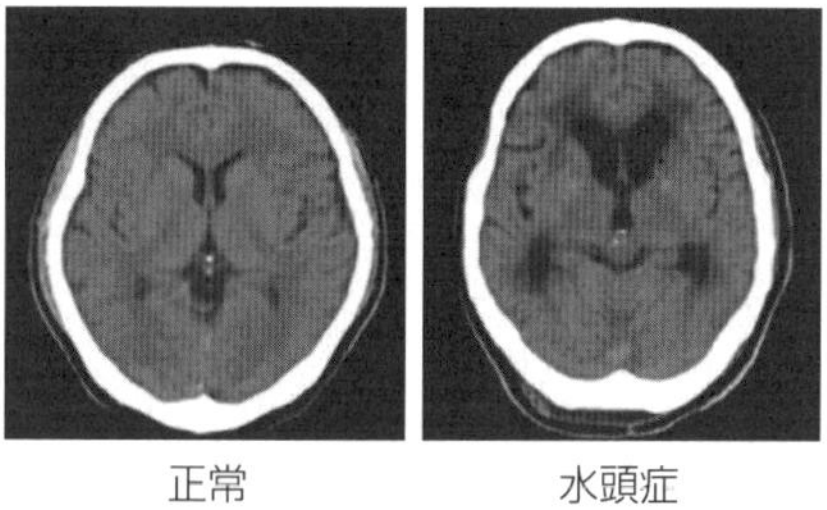

正常　水頭症

黒い部分が髄液。水頭症では多くなっている

※1　脳出血、くも膜下出血などの脳血管障害、髄膜炎、脳炎などの炎症、脳外傷、脳腫瘍、がんの転移、先天性疾患など、多様な原因で水頭症は起こる。

と、まったく原因のわからないもの（特発性）の2種類に分類されます。二次性の場合は、原因がすでにわかっているので、診断が比較的簡単です。しかし特発性の場合は難しいことがしばしばで、見逃されることもよくあります。

特発性正常圧水頭症が見逃されやすい理由は、患者が主に高齢者であること。いわゆる老化現象と思われてしまったり、アルツハイマー病やパーキンソン病、脳血管障害など、ほかの認知障害や歩行障害をきたすような病気との見分けが難しかったりするからです。また、特徴である歩行・認知・排尿障害の3つの症状が、必ずしもすべて揃うとは限りません（3つの症状が揃うのは約60％）。60歳以上の方で、歩行・認知・排尿のどれかひとつにでも障害が出た場合は、年のせいと片づけてしまわないでください。正常圧水頭症が隠れているかもしれないと、まずは疑ってみることが大切です。

特発性正常圧水頭症の症状と診断

特発性正常圧水頭症では、3つの症状のうち、歩行障害が出ることが最も多く、約90％の人に見られます。歩行障害が出ると、足を開き、歩幅が小さくすり足になってしまい、歩みが遅く、ふらふらと不安定になります。

認知障害が出ると、やる気が起こらなくなり、注意力が落ち、ものごとを計画的に成し遂げることができなくなります。排尿障害は、尿意を我慢できずに漏らしてしまうのが特徴です（切迫性尿失禁）。

60歳以上で、3つの症状のうち1つ以上、特に歩行障害が現れたら、まずはかかりつけの先生に相談しましょう。そこでCTかMRIを撮ってもらい、脳室拡大がなければ、水頭症ではないとはっきりわかります。その場合はほかの病気について調べてもらいます。


脳室拡大がある場合は、特発性正常圧水頭症かもしれません。専門医（脳神経内科医あるいは脳神経外科医）を紹介してもらいましょう。専門医のいる病院では、ガイドラインに従って、以下のように検査・診断されます。

まず、症状※2がほかの病気によるものではないことを確認します（調べます）。また、MRIで特徴的な所見があるか確認します。特発性正常圧水頭症では、脳室拡大だけではなく脳溝（脳表の脳のしわ）にも変化がみられます（シルビウス※3裂《れつ》の拡大と高位円蓋部※4脳溝の狭小化）（図表3）。次に腰椎穿刺《ようついせんし》を行って、髄液を調べます。

■歩行障害がある
■MRIで図表3のような特徴的な画像所見がある
■髄液検査が正常

の3つの条件が揃えば、特発性正常圧水頭症である可能性が高く、手術治療の対象になります。

※**2** 病歴、症状やMRI画像から総合的に判断する。アルツハイマー病やパーキンソン病などの変性疾患、脳血管障害、代謝疾患など、ほかの全身疾患も含めて検討する。同様の症状をきたすほかの病気を否定することが必要。

※**3 シルビウス裂**
脳溝のひとつ。

※**4 高位円蓋部**
頭頂部の正中付近。

脳室や脳表のくも膜下腔と、腰椎のくも膜下腔はつながっています。腰椎穿刺のときに、髄液を一定量（約30㎖）抜いて症状に変化があるかどうかを調べることもあります。これを「髄液排除試験」または「タップテスト」といいます。これで症状が少しでもよくなるようならば、画像所見にかかわらず、特発性正常圧水頭症である可能性が非常に高く、手術治療の対象になります。

正常圧水頭症の治療

正常圧水頭症の治療は、「髄液シャント術」が唯一の方法です。

手術方法は3つあり、いずれでも体内にチューブを埋め込んで、頭の中に溜まった余分な髄液を体内のほかの部位へ流します。具体的には、

①V―Pシャント（脳室内から腹腔内に髄液を流す）
②V―Aシャント（脳室内から右心房内に流す）
③L―Pシャント（腰椎くも膜下腔から腹腔内に流す）

のいずれかにチューブを留置します。

①②では、脳室にチューブを入れるときに脳を穿刺しなければなりません。そのため、最近は脳を穿刺せず、腰椎から髄液を抜く③が盛んに行われています。ただし、脊椎に脊椎管狭窄《きょうさく》症[※5]などの病気がある場合は、①が行われます。

術後は個々の患者さんに適切な髄液の流量が得られるよう、調節する必要があります。髄液の排出が少なければ症状は改善しませんし、多すぎると頭痛がみら

※5　適切な流量は、患者の身長、体重、いわゆるBMIから初期圧設定を決め、術後に症状を見ながら調節する。

れたり、出血したりします。

このため、使用するシャントシステムはすべて圧可変式、つまり術後に外から自由に圧を変えて、流れる髄液の量を調節できるようになっています。最近はMRI対応のシステムも登場しています（圧設定は磁気（専用の装置や磁石）で行います。以前は術後にMRIを行うと、MRIの磁場で圧設定が狂ってしまいましたが、最近はシステムが改良され、磁場を受けても狂わないようになりました）。

特発性正常圧水頭症には「予備軍」がいる

将来、特発性正常圧水頭症になる可能性の高い、いわゆる予備軍の人がいることが研究からわかっています。MRIで図表3のような、脳の特徴的所見がみられるのに、まったく症状のない人たちがいるのです。実際、脳ドックなどでもときどき、このようなケースがみられます。

この一群の人々の経過を追っていくと、中に特発性正常圧水頭症を発症する人がおり、その確率は年間17％と非常に高いことが、最近明らかとなりました。このような、将来病気になるリスクの高い予備軍を見つけてフォローし、必要時には適切な診断と治療を行っていけるような診療システム作りが、今後ますます大切になっていくでしょう。

図表3

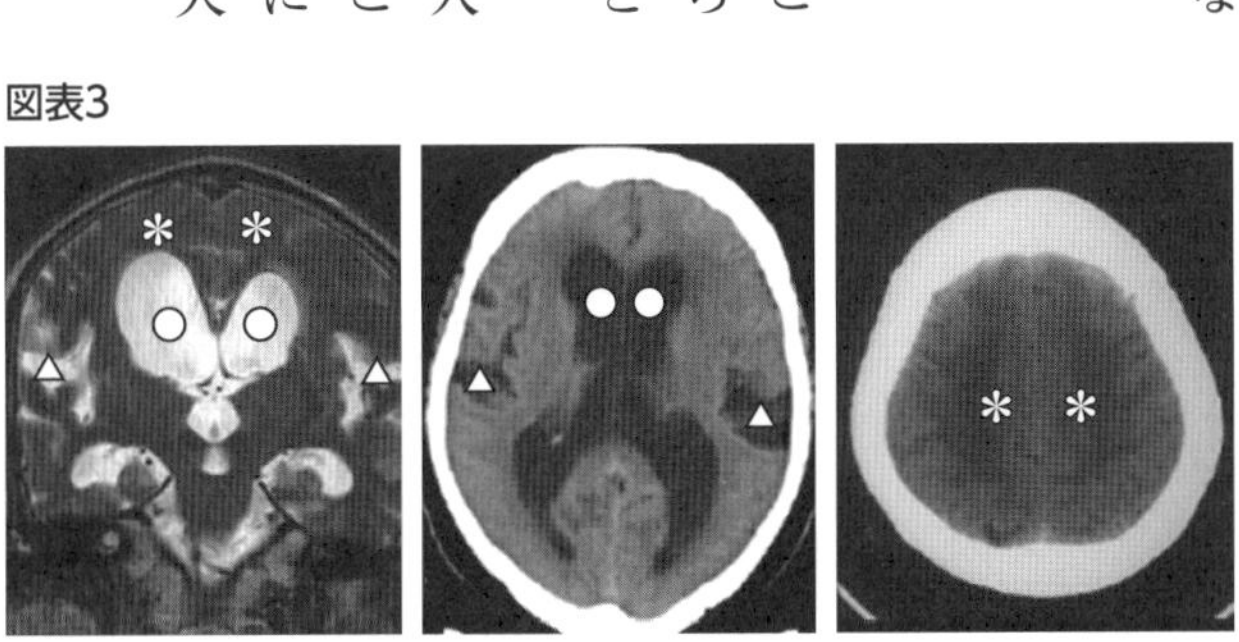

○:脳室拡大　△:シルビウス裂の拡大　❋:高位円蓋部脳溝の狭小化

なお、特発性正常圧水頭症は、主には高齢者の病気で、加齢による身体と脳の衰えや、似たような症状の病気（アルツハイマー病やパーキンソン病など）との鑑別が大事であることは前述しましたが、それらを合併している場合もあります。たとえば、特発性正常圧水頭症とアルツハイマー病を合併した場合などです。このような場合に手術をするべきかどうかは、とても難しい問題です。

タップテストで症状が改善する場合は、たとえ加齢やほかの合併疾患による症状があっても手術治療する、という考え方もあります。この点については、現在大規模な臨床研究が行われていますので、近いうちに方針が明らかになると思います。

いずれにしろ、症状があればもちろん、60歳を過ぎたらどなたも一度は、脳ドックなどＭＲＩまたはＣＴで、脳室拡大がないかどうか調べておくことをお勧めします。

コラム
Column 3

70年分の歴史と想いを展示する新スポット

大学事務局　宅見 洋祐

2020年10月、開学70周年記念事業として、滝子キャンパスの学生会館がリニューアルされました。その２階に新たに設置されたのが「大学史資料館」です。70周年を記念するとともに、名市大の創立からの歩みを在学生や市民の方々に伝える、貴重な資料の展示場所として公開されています。

資料館の入り口

初代学長・戸谷銀三郎の書簡集や回想録、大学設置時の認可申請書といった歴史的なもののほかに、１冊のノートが展示されています。1956年、今から64年前に1人の女学生が使っていた授業ノートです。「お話」というタイトルで、言葉の役割や分類、印象のよい話し方、さらには表情や仕草、ユーモアの重要性など、当時学んだことが赤線や表を交えて丁寧にまとめられています。中には異性との話し方として、「感情的な話はしない」「秘密をもたない」「年令のことは言わない」「(頭に)「お」のつく言葉を使う」など時代を映した（？）面白い内容も残っています。

このような一風変わった展示品は、本学同窓会の方々から寄贈いただいたものです。卒業してから長い時間が経った今でも、本学のためにと思い出の品を譲っていただきました。展示品ももちろんですが、卒業後も名市大を想い、ご協力くださる卒業生の方々こそ、本学の歴史そのもので、貴重な財産だと感じます。

「お話」ノートの表紙

本資料館はこれから、本学の歴史を皆様に伝えられる場所になるはずです。ぜひ一度お立ち寄りください。

身近になった最先端の手術治療
―泌尿器ロボット手術―

医学研究科地域医療教育研究センター　准教授
蒲郡市民病院泌尿器科　特別診療科部長
中根　明宏

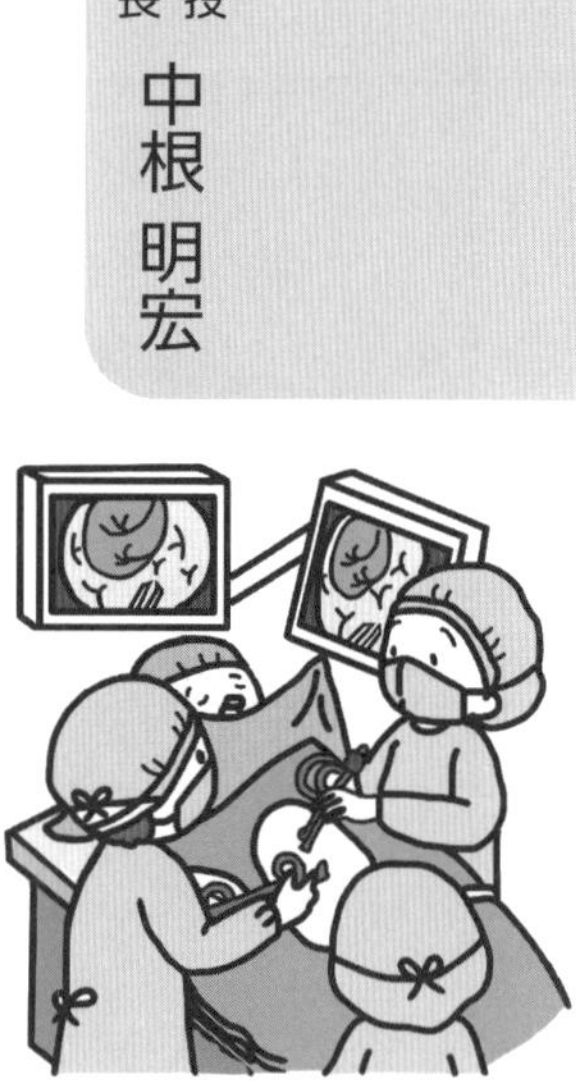

ダヴィンチ・サージカルシステムを用いたロボット手術が普及し、手術治療は大きく変化しました。日本では、泌尿器科で扱う前立腺がんや腎がんの手術から広がっています。ロボット手術の利点や現在の状況について、解説します。

泌尿器手術治療の変遷　開腹手術から腹腔鏡手術へ

医療はまさに日進月歩で進歩しています。代表的なものとして、再生医療や、ノーベル賞を獲得したがん免疫療法が挙げられますが、手術治療もこの20年ほどで大きく進歩したといえます。

世の中が2000年問題に揺れていた1999年に、私は泌尿器科医師として仕事を始めました。当時は大きく切開して行う開腹手術が中心でした。病気をしっかり治すという最大の目的を達成するため、大きく切開して行うことは当然であるとの考え方がまだまだ一般的でした。

一方、病気を治すことだけでなく、手術後の社会復帰や、その後の長い人生までを見据えた治療の重要性も考慮されるようになりました。体への負担を軽減する「低侵襲性」や、傷の見た目をよくする「整容性」、臓器の元々の機能をなるべく残す「機能温存」などの視点からも、手術を行うようになりました。

これらの考えを取り入れた手術として「腹腔鏡手術」が登場しました。腹部を小さく切開し、体内を炭酸ガスで膨らませて視野を確保した後、傷から細長い内視鏡のカメラと手術器具[※1]の先端を入れ、これらを体外から操作して、体内で手術します。

腹腔鏡手術は1985年にドイツで初めて、胆のうを摘出するために行われました。その後、いろいろな疾患に対して行われるようになり、泌尿器科の分野では90年に米国で腎臓の摘出術が、92年には世界に先駆けて日本で副腎の摘出術が、腹腔鏡手術で行われました。現在では多くの病気への標準治療として、腹腔鏡手術が行われるようになっています。

泌尿器疾患に対する腹腔鏡手術

泌尿器科が扱う尿路のがんの多くは、可能であれば摘出することが標準治療となっています。尿路のがんには、腎・尿管のがん、筋層に広がった膀胱《ぼうこう》がん、前立腺がんが挙げられます。

これらの臓器は、腸管のある腹腔を覆う膜と背中や骨盤の間にある、狭い「後

※1　腹腔鏡手術の器具「鉗子(かんし)」
細長い器具の先端についたハサミや、鑷子(せっし・ピンセットのようなもの)などを手元のハンドルで操作して使用する。

腹膜腔」の中にあります。対象の臓器がよく見えないと手術は難しいので、開腹手術の場合は、大きく切開する必要があります。大きく切っても、切開部に医師の手が入るとそのぶん臓器がよく見えなくなり、手術の精度が下がる可能性があります。

腹腔鏡手術は、手を入れる代わりに、細い内視鏡や鉗子を用いるのが特徴です。傷が小さくできるので、「低侵襲性」や「整容性」を実現し、さえぎるものが減ったことで「良好な視野」を得ることができます。

しかし、長い鉗子を用いた繊細な手術は、技術の習得により長い時間が必要です。現在、日本泌尿器科学会と日本泌尿器内視鏡学会では、腹腔鏡手術を安全に行うため、技術認定制度を行っています。この取り組みもあって、副腎や腎・尿管のがんでは、腹腔鏡手術が最初に検討されるようになりました。多くの施設で、これらの手術が安全に受けられます。

病気によっては、腹腔鏡を使うことで、手術の難易度が高くなることもあります。代表的な例が、前立腺がんに対する「根治的前立腺全摘除術」です。前立腺を摘出する手術ですが、前立腺の周りには血管が密集しており、摘出の際に出血しやすく、繊細な操作が求められます。残った尿道と膀胱の「機能温存」のための縫合にも、また繊細な技術が必要です。前立腺は骨盤の骨で囲まれた、最も奥の狭いところにあることからも、手術操作が難しく、視野も確保しにくい場所です。

前立腺がんはもともと開腹手術も難しく、80年頃に米国のジョンズ・ホプキン

図表1　腹腔鏡・ロボット手術で使用する鉗子とトロッカー

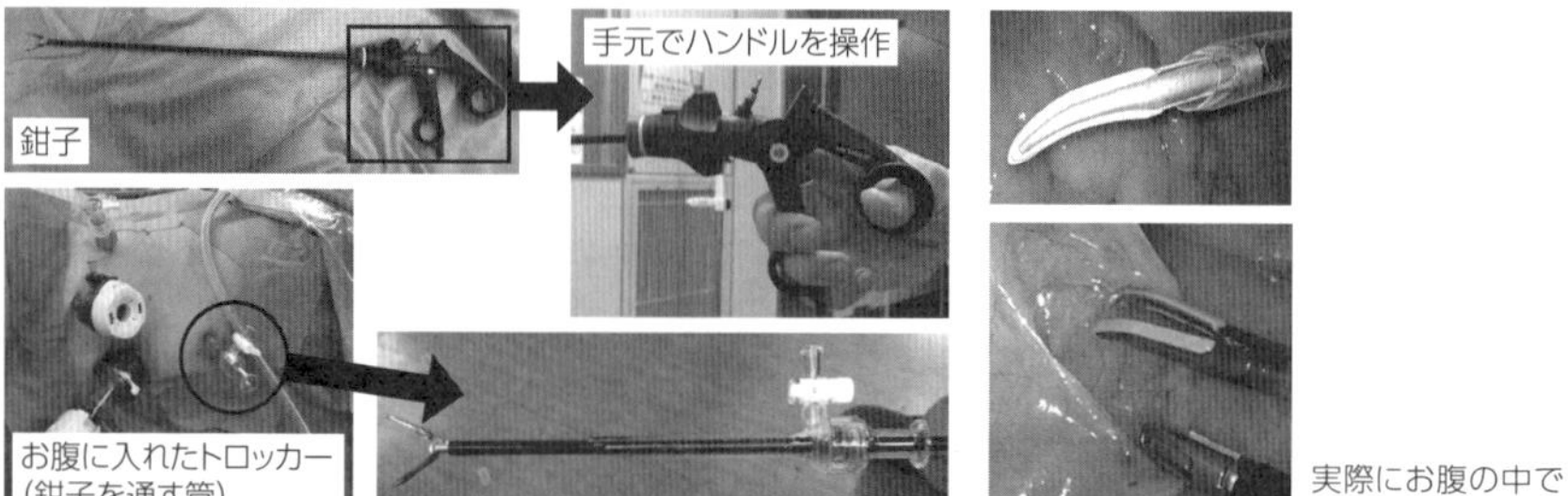

ス大学のウォルシュ教授が手術方法を確立するまでは、薬物治療が主流でした。「腹腔鏡下前立腺全摘除術」は、97年に米国で初めて報告され、99年から日本でも行われるようになりました。患者さんへのメリットが大きい手術ですが、術者の技量や経験が必要で、手術の黎明《れいめい》期には不幸な医療事故が発生したこともありました。すべての泌尿器科医師が行える手術ではありません。

このような難易度が高い腹腔鏡手術には高いハードルが設けられ、十分な経験を持った術者でなければ、できないようになっています。不幸な事故はくり返されなくなりましたが、そのぶん手術が行える施設は限られています。

ロボット手術の登場

ロボット手術の登場で、高難易度の手術に対する状況は一変しました。

ロボット手術の原型は、戦場で負傷した兵士に対する遠隔操作の手術治療を目指し、米国陸軍が開発したシステムです。80年頃から研究が始まり、湾岸戦争が終わった91年頃からは、複数の民間企業で開発が継続されました。97年には、同国のインテュイティブ・サージカル社が開発した「ダヴィンチ・サージカルシステム」を用いた手術が、世界で初めて行われています。

日本でこれまで用いられてきたのも、このダヴィンチ・サージカルシステムでした。日本では01年頃から、先進的な取り組みや、正式に保険適応となる前の臨床試験として、ロボット手術が行われました。しかし、当時のシステムに対して

図表2　前立腺は非常に狭いところにある（ロボット手術の様子）

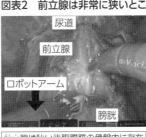

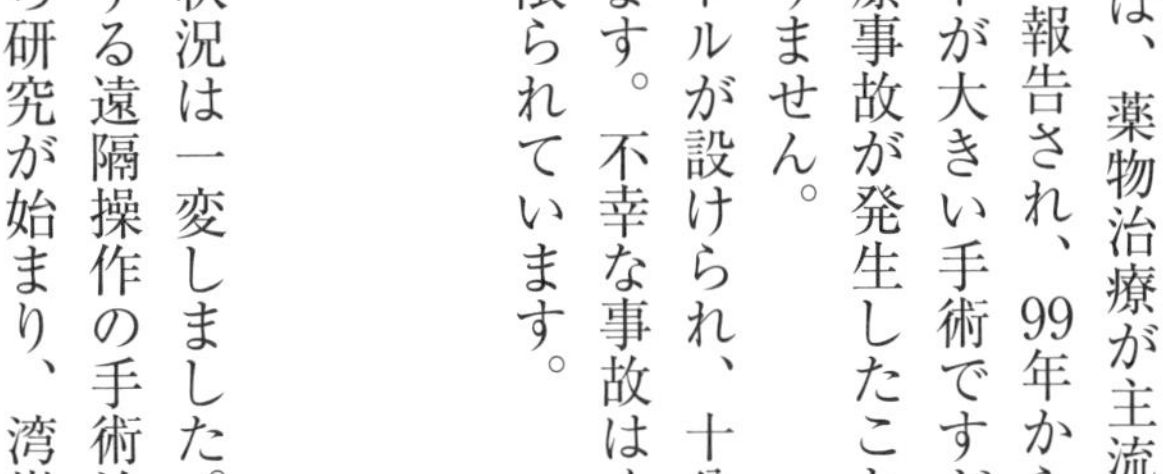

前立腺は狭い後腹膜腔の骨盤内に存在
拡大された視野で繊細な操作が可能

前立腺を摘出した後に、小さな針と
糸を用いて膀胱と尿道を縫合する

は、日本では有用性が認められず、本格的にロボット手術が行われるようになったのは06年頃からです。

この頃、米国を中心に、前立腺がんに対するロボット手術の有用性が数多く発表されていました。そこで、前立腺がんを対象に、再度臨床試験が行われ、10年には日本でも先進医療として認められました。

12年に保険適応となって、ダヴィンチ・サージカルシステムを導入する病院が一気に増加しました。12年には日本全国で約70台のダヴィンチ・サージカルシステムが導入され、15年には200台を突破。19年3月時点で、約380台のダヴィンチ・サージカルシステムが、国内で稼働しています。

インテュイティブ・サージカル社は、手術支援ロボットを全世界に展開してきた唯一の企業でしたが、20年8月、初の日本産手術支援用ロボット「ヒノトリ」がメディカロイド社から販売され、今後さらに広がっていくことが期待されます。

泌尿器科ロボット手術の利点

ロボット手術は、腹腔鏡手術を発展させた手術です。腹腔鏡と同様に、体の中を炭酸ガスで膨らませて視野を確保し、小さ

図表3　各術式のイメージと特徴（前立腺がんの手術の場合）

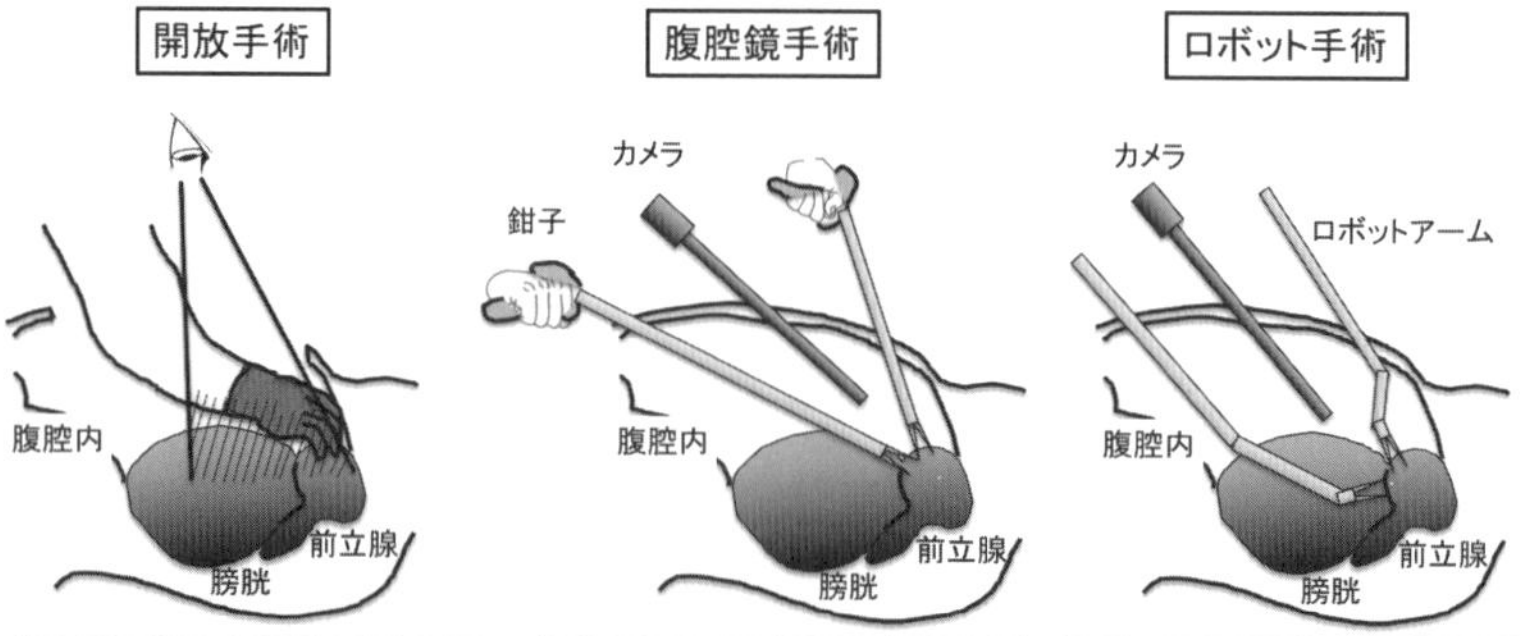

開放手術	腹腔鏡手術	ロボット手術
・良好な視野を得るためには傷を大きくする必要がある ・直接臓器を触って確認しながら手術が可能 ・狭い場所の臓器では視野や手術操作が制限	・小さな傷から手術器具を入れて視野を確保して手術が可能 ・ある程度の触覚は確認しながら手術が可能 ・手術器具操作の習得に時間がかかり、高難易度	・小さな傷から手術器具を入れて拡大された立体的視野を得られる ・触覚ないが、自由度の高い手術操作が可能 ・手術器具操作の習得が早く、繊細な手術が可能

な傷からカメラや鉗子を入れて行います。
腹腔鏡手術と違うのは、以下の4点です。
①執刀医は、拡大されたカメラからの画像を立体的に見るモニター（両眼視できるモニター）で、術野を視認する
②関節を持った自由度が高いロボットアームを、鉗子として手術操作する
③手ぶれを自動補正してくれる機能がある
④設定により、手の動きを自動縮尺してくれる機能がある

腹腔鏡手術の長所は「良好な視野」でしたが、平面モニターで見るので奥行きなどがわかりにくい、という欠点を①で改善しました。腹腔鏡手術の最大の欠点は、鉗子を使った操作が難しく、限界があることでしたが、これも②で解消できました。人間の手だと、繊細な操作をするときどうしても手ぶれが生じてしまいますが、③でこれを機械的に取り除き、操作の質が向上しました。さらに④で、機械の自動調節による細かい操作が可能となっています。

これらの機能により、細かい血管の1本まで確認したり、繊細な組織をつかんだり、正確に組織を剥離《はくり》したり、思った方向に針を動かして縫合することができるようになりました。腹腔

図表4　ロボット手術の利点

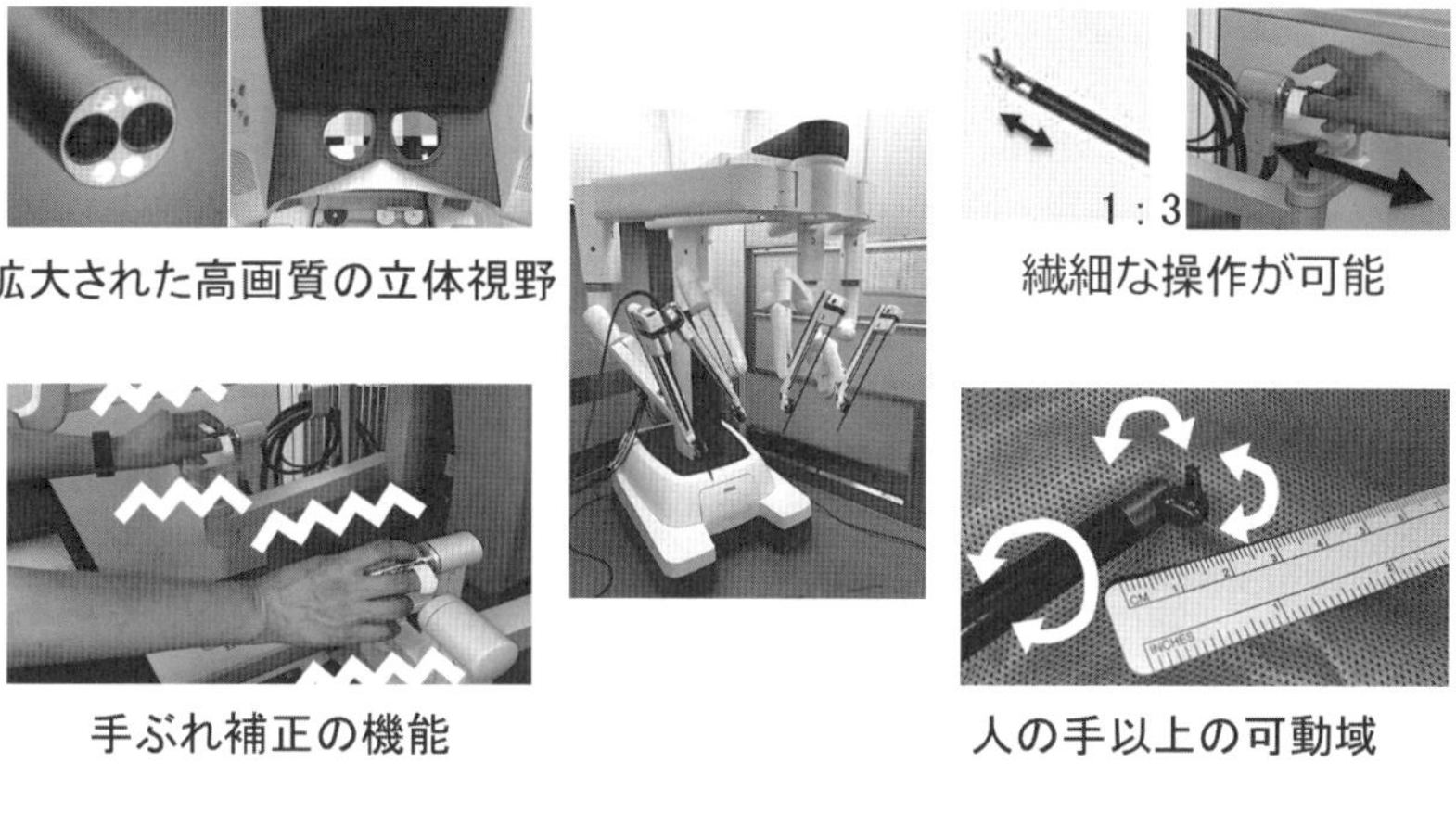

高難易度の手術において執刀医の持つ能力を最大限に発揮させるシステム

鏡手術の利点である「低侵襲性」「整容性」「良好な視野」を維持、あるいは改良しながら、「難易度が高い」という欠点も解消できたのです。

特に前立腺がんの手術や腎がんの部分切除術など難易度の高い手術は、人の手による鉗子の操作では制限や繊細さの限界がありましたが、ロボット手術の導入で、執刀医の持つ能力を最大限に発揮できるようになりました。これが、泌尿器ロボット手術が普及する要因になったといえます。

ロボット手術の欠点

ロボット手術は非常に利点の多い、革新的な手術システムですが、欠点もあります。一番に挙げられるのが、機器の導入コストの高さです。病院の経営に負担をかける可能性があり、どの病院でも導入できるわけではありません。

また、執刀医がロボットアームを遠隔操作するシステムなので、前述した手ぶれ補正や動きの自動縮尺ができるかわりに、触覚を得ることができません。ただしこれは、トレーニングで慣れることができるので、大きな問題とはなりません。

そのほか、それぞれの手術の利点・欠点をまとめたのが、図表5です。

図表5　術式による特徴の比較

	開放手術	腹腔鏡手術	ロボット手術
傷の大きさ	大きい	小さい	小さい
視野	傷の大きさや部位による	良い	非常に良い
立体視	人の視野	通常は平面的 (特殊な立体視カメラもあり)	強調された立体視
手術器具の操作性	人の手の動き	制限される	人の手以上の可動範囲 (ただし触覚はない)
出血量	時に多くなる	少ない	非常に少ない
手術時間	短い	やや長い	やや短い
緊急の対応	対応しやすい	やや対応しにくい	対応しにくい
術後の回復	遅くなることがある	早い	早い
入院期間	長い	短い	短い
入院費用	基本的	やや高い	やや高い
病院の負担となるコスト	安価であることが多い	やや高価	非常に高価

保険適応で可能なロボット手術

ロボット手術は、どんな手術にでも応用できるでしょう。しかし、保険承認されるのは、医学的な有用性の根拠を示し、安全性などが臨床試験で証明されてからです。

20年4月現在、15の術式が保険診療として行うことが可能です。12年に前立腺がんに対する全摘除術が、ロボット手術で初めて保険適応された後、16年に腎がんに対する部分切除術が適応となりました。いずれも泌尿器科で扱う病気で、日本では泌尿器科の分野でロボット手術の導入が進んでいきました。

18年には膀胱がんに対する全摘除術を含め、9の術式が追加され、20年にさらに4の術式が追加されています。心臓血管外科、呼吸器外科、消化器外科、婦人科など多くの診療科にも、ロボット手術が広がりました。

われわれ泌尿器科では、ほかに「腎盂《じんう》尿管移行部通過障害」に対する腎盂形成術、子宮脱などに対する仙骨膣固定術（婦人科でも行う）を含め、5つの術式を行っています。

ロボット手術の普及

ロボット手術の普及を示すデータとして、19年の全世界でのダヴィンチ・サー

【20年現在保険診療可能なロボット手術】

(1) 前立腺がんに対する全摘除術
(2) 腎がんに対する腎部分切除術
(3) 膀胱がんに対する全摘除術
(4) 心臓弁形成術
(5) 縦隔腫瘍《じゅうかくしゅよう》摘除術
(6) 肺がん手術
(7) 食道がん手術
(8) 胃がん手術
(9) 直腸がん手術
(10) 子宮体がん手術
(11) 子宮筋腫などの良性子宮腫瘍手術
(12) 腎盂尿管移行部通過障害に対する腎盂形成術
(13) 子宮脱などに対する仙骨膣固定術
(14) 胸腺摘除術
(15) 膵臓がんの手術

ジカルシステムの保有台数を示します。インテュイティブ・サージカル社によると、全世界で５１１４台のダヴィンチ・サージカルシステムが稼働していて、うち３２８３台は開発された米国内で稼働しています。人口10万人に対して１台のダヴィンチがあることになり、非常に普及しているといえます。

ヨーロッパ諸国は８９３台、アジア諸国では６６１台。最近の日本国内の保有台数は公表されていませんが、約３８０台といわれており、保有台数は米国に次いで世界2位です。人口33万人に対して、1台のダヴィンチがある換算になります。

ロボット手術がこれほどまでに普及したのは、利点が欠点を大きく上回ることにくわえ、社会的なニーズが多いことや、安全性を担保する努力がされていることによるものです。

ロボット手術を執刀医として行うには、何段階ものトレーニングや試験が必要です。また、泌尿器科の分野では、手術経験豊富な指導医（プロクター）を認定する制度を設け、新人の執刀医が手術を開始する際にはプロクターの指導の下、安全な手術を行っています。

一定のトレーニングは必要ですが、腹腔鏡よりは習得するための時間が短く済みます。技術の高い執刀医が増えることは、患者さん

図表6　世界のダヴィンチ保有台数（2019年3月時点）

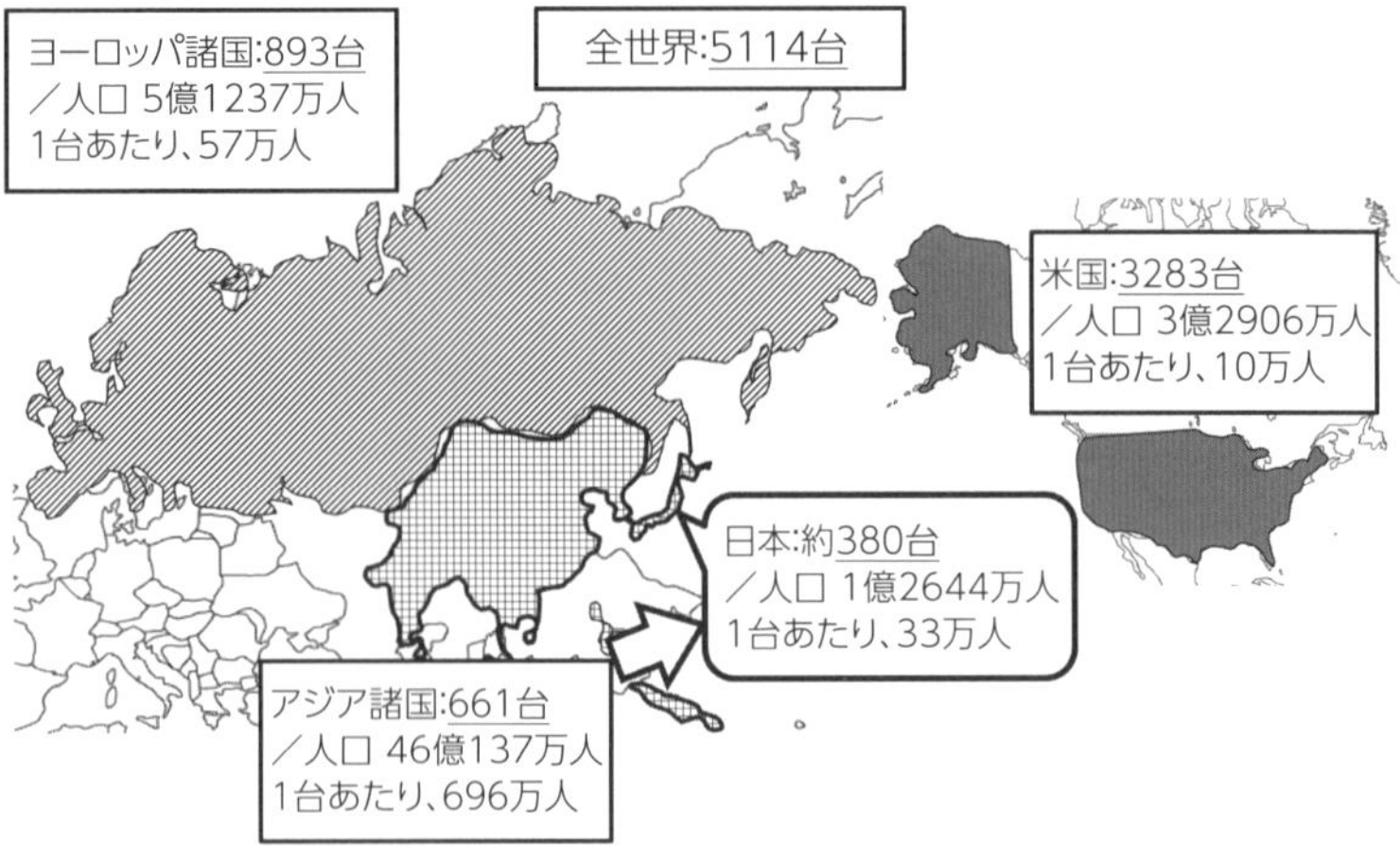

が身近な病院で高いレベルの手術治療を安全に受けられることにつながります。

やはり正確な保有台数の発表はないのですが、各病院のホームページなどから推計すると、愛知県内には19年の時点で20台のダヴィンチ・サージカルシステムがあると思われます。愛知県の人口を考えると、全国の平均より少し少ないので、我々ががんばることで皆様により貢献したいと考えています。

名市大病院では、ロボット手術の急増に対応するため、現在2台のダヴィンチ・サージカルシステムで手術治療をしています。また関連の施設でも、導入が進んでいます。皆様がますます最先端のロボット手術を身近に感じ、受けやすくなるよう、引き続き努力してまいりたいと考えています。

図表7　愛知県内のダヴィンチ保有台数（2019年3月時点）

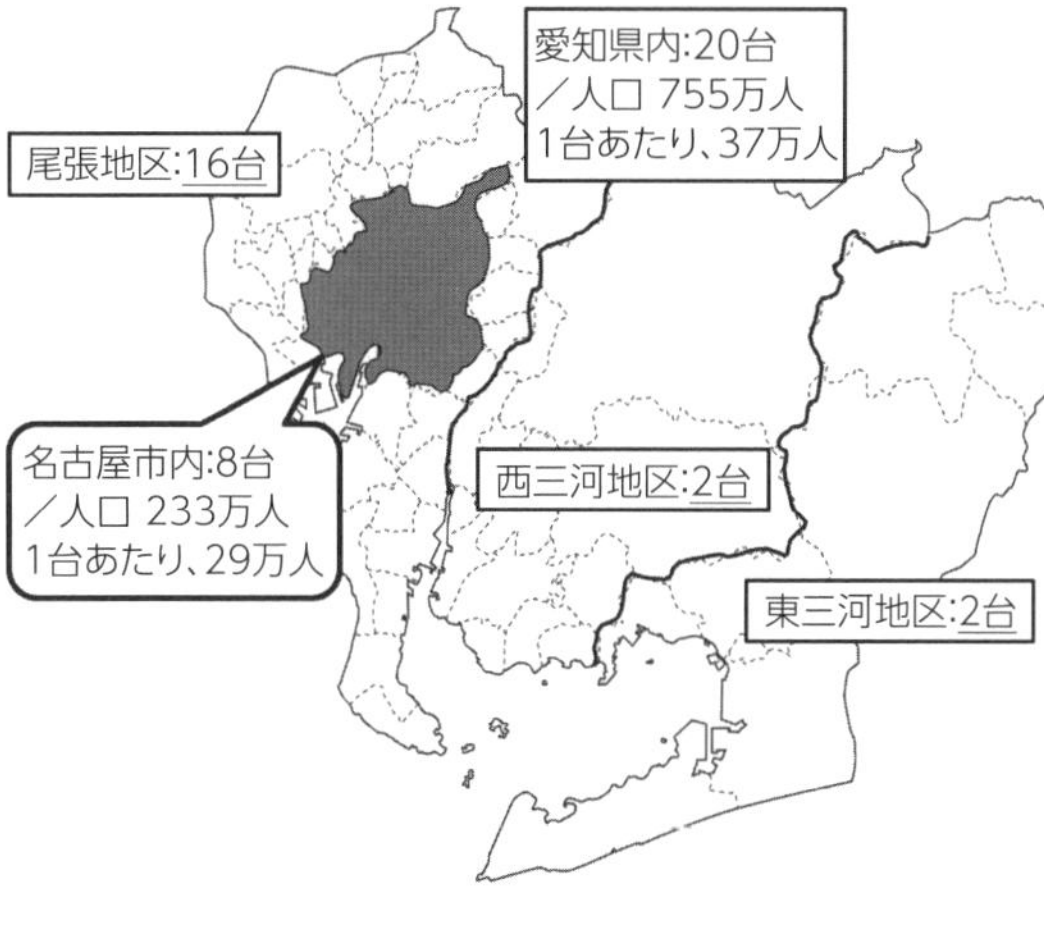

執筆者プロフィール

中村 敦　なかむら あつし

87年名古屋市立大医学部卒業、09年同大医学部准教授を経て、19年より教授。専門は、感染症学、呼吸器内科学、感染制御学。愛知県新型コロナウイルス感染症対策本部医療専門部会委員、名古屋市感染症予防協議会委員など。共著に『Clostridioides difficile感染診療ガイドライン』など。

坡下 真大　はした ただひろ

08年富山医科薬科大大学院薬学研究科博士(薬学)取得、11年群馬大医学部附属病院薬剤部助教を経て、15年より名古屋市立大薬学部講師。専門は、臨床薬学、幹細胞生物学。iPS細胞から血液脳関門の構築を目指している。

大原 弘隆　おおはら ひろたか

84年名古屋市立大医学部卒業、09年同大医学部教授を経て、16年より名古屋市病院局長。専門は、内科学、総合診療学、地域医療学、老年医学、消化器病学。慢性膵炎、膵石症、IgG4関連疾患、自己免疫性膵炎などの診断基準、診療ガイドライン作成委員を務める。

木村 和哲　きむら かずのり

80年名古屋市立大薬学部卒業、06年同大薬学部教授を経て、09年より医学部教授、同大病院薬剤部長兼務。専門は、男性性機能障害、排尿機能障害。

川出 義浩　かわで よしひろ

97年名古屋市立大学薬学部卒業、14年同大薬学部特任准教授を経て、18年より医学部特任准教授。専門は、地域療養薬学、がん化学療法、緩和医療。17年より愛知県災害薬事コーディネーター。

野村 孝泰　のむら たかやす

14年名古屋市立大大学院医学研究科博士課程修了、17年米国メイヨークリニックを経て、20年より名古屋市立大医学部助教。専門は、小児科学、アレルギー学。日本アレルギー学会海外研究留学助成金を受賞。

鈴森 伸宏　すずもり のぶひろ

00年名古屋市立大大学院医学研究科修了、国立名古屋医療センター、ベイラー医科大を経て、17年より名古屋市立大共同研究教育センター病院教授。専門は、産科婦人科、周産期、遺伝医療、遺伝カウンセリング。

林 祐太郎　はやし ゆうたろう

85年名古屋市立大医学部卒業、98年米国UCLAメディカルセンター(小児泌尿器科)を経て、17年名古屋市立大医学部教授、18年より同大病院長補佐(卒前・卒後教育担当)兼務。専門は、小児泌尿器科学、尿路再建手術。日本小児泌尿器科学会優秀論文賞、愛知県難病研究者表彰を受賞。

山田 敦朗　やまだ あつろう

94年名古屋市立大医学部卒業、07年同大医学部助教を経て、17年より講師。専門は、児童精神医学。13年より名古屋市精神科学校医、14年より名古屋市いじめ対策検討会会長。

徐 民恵　そう　みね

00年名古屋市立大医学部卒業、岡崎市民病院、名古屋第二赤十字病院勤務を経て、09年名古屋市立大医学部助教、18年より講師。専門は、麻酔科学、集中治療医学、ペインクリニック。他医師らとともに、いたみセンター慢性痛診療を担当。

山下 純世　やました すみよ

04年名古屋市立大大学院医学研究科博士課程修了、15年同大医学部講師を経て、17年より准教授、名古屋市立東部医療センター循環器内科特別診療科部長。専門は、循環器内科学、高血圧。

安川 力　やすかわ つとむ

93年京都大医学部卒業、00年同大医学部助手、ドイツ・ライプチヒ大留学(フンボルト財団奨学生)、名古屋市立大医学部助手を経て、07年より准教授。専門は眼科学、加齢黄斑変性ほか網膜硝子体疾患。第1回日本網膜硝子体学会Young Investigator Awardを受賞。

間瀬 光人　ませ みつひと

90年名古屋市立大大学院医学研究科博士課程修了、16年より同大医学部教授、18年より同大副病院長兼務。専門は脳動脈瘤の血管内治療、水頭症、神経内視鏡手術。脳脊髄液・水頭症に関する著作多数。

中根 明宏　なかね あきひろ

07年名古屋市立大大学院医学研究科博士課程修了、03年東京大医科学研究所学外研究員を経て、18年蒲郡市民病院泌尿器科部長、20年より名古屋市立大医学部准教授併任。専門は、泌尿器腹腔鏡・ロボット手術、小児泌尿器科学。第26回日本小児泌尿器科学会賞を受賞。

既刊好評発売中!　各定価1,000円+税

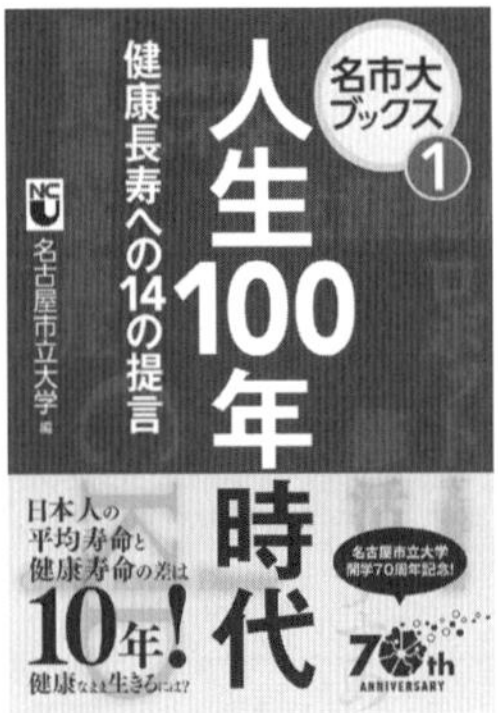

A5判 並製 160頁
ISBN978-4-8062-0769-6
C0047

A5判 並製 160頁
ISBN978-4-8062-0770-2
C0047

A5判 並製 152頁
ISBN978-4-8062-0771-9
C0047

名市大ブックス④

家族を守る　医療と健康

2020年12月10日　初版第1刷　発行

編　著　名古屋市立大学
発行者　勝見啓吾
発行所　中日新聞社
〒460-8511 名古屋市中区三の丸一丁目6番1号
電話 052-201-8811（大代表）
052-221-1714（出版部直通）
郵便振替 00890-0-10
ホームページ https://www.chunichi.co.jp/corporate/nbook/
印　刷　長苗印刷株式会社
デザイン　全並大輝
イラスト　mikiko

©Nagoya City University, 2020 Printed in Japan

ISBN978-4-8062-0772-6　C0047

定価はカバーに表示してあります。乱丁・落丁本はお取り替えいたします。